LA FONCTION SYMBOLIQUE ET LE LANGAGE

MANUELS ET TRAITÉS DE PSYCHOLOGIE ET DE SCIENCES HUMAINES

PSYCHOLOGIE DU LANGAGE I

JEAN PAULUS
Professeur à l'Université de Liège

LA FONCTION SYMBOLIQUE ET LE LANGAGE

*Troisième édition
revue*

PIERRE MARDAGA, ÉDITEUR
2, GALERIE DES PRINCES, BRUXELLES

1ʳᵉ édition 1969
2ᵉ édition 1972

© Pierre Mardaga, Bruxelles 1969
2, Galerie des Princes, Bruxelles
37, rue de la Province, Liège
D. 1977-0024-13

CHAPITRE I

LA FONCTION SYMBOLIQUE

La vie de relation, commune à l'animal et à l'homme, permet à ces vivants d'agir sur les *choses réelles* par des *conduites motrices* et d'aménager le monde extérieur dans un sens favorable à leurs fins.

A la différence de l'animal, l'homme peut en outre évoquer les *objets absents*, éloignés dans le temps et dans l'espace, par l'entremise de *substituts* divers : portraits, schémas, symboles, signes, termes du langage, images mentales, concepts. Le portrait *représente* la personne, la statue le dieu ou le saint, l'ambassadeur le Chef de l'État, l'avocat son client, l'acteur le personnage, la croix le christianisme, la carte géographique le pays, le mot l'image mentale ou le concept la chose. Connaître, sous son aspect le plus général, n'est rien d'autre que *se représenter*, et une thèse philosophique célèbre oppose aux *données immédiates de la conscience* les *éléments principaux de la* REPRÉSENTATION.

A ces substituts, comme parfois aussi aux choses réelles, l'homme applique des conduites d'un type spécial : *symboliques*, *verbales* ou *mentales*, plus économiques et praticables, quoique non moins gratifiantes que les *actions motrices* dont elles tiennent lieu. On échange des injures en place de coups, on lacère un portrait faute de pouvoir mettre à mal la personne haïe, on étudie un itinéraire sur la carte, on raisonne, c'est-à-dire qu'on remplace l'expérimentation effective sur les objets par l'expérimentation verbale ou mentale sur les signes.

Toutes ces pratiques relèvent d'une même fonction, que l'on peut nommer la *fonction représentative ou symbolique* et dont la formule la plus dense remonte aux médiévaux :

stat aliquid pro aliquo.

Les médiévaux s'en sont longuement occupés à l'occasion du culte des saints et des images, que des iconoclastes, reparaissant à diverses époques, prétendaient proscrire, comme entaché d'idolâtrie et de paganisme. Refusant de céder à une tendance qui a prévalu dans d'autres formes religieuses (judaïsme, islamisme, réforme), décisions conciliaires et clarifications philosophiques n'ont cessé d'encourager et légitimer le culte des images, mettant du même coup en vive lumière ce que nous verrons être le caractère essentiel tant des images que des substituts en général : leur caractère d'*entités à double face* [1].

---

[1] Cf. des éléments de cette histoire dans E. Gilson, *Les arts du Beau*, Vrin, 1963, ch. VIII : *L'art et le sacré*, pp. 164 ss. et dans J. Maritain, *Quatre essais sur l'esprit dans sa condition charnelle*, Alsatia, 1956, ch. II : *Signe et Symbole*, pp. 59-124. — Gilson note avec profondeur que le Christianisme, croyant à un Dieu incarné, n'a pas les mêmes objections que les autres religions à une représentation du Divin. Contre les tendances iconoclastes, réagiront le Concile de Nicée (787. « ... l'honneur rendu à l'image va à son modèle, de sorte que celui qui adore une image adore la réalité qu'on y a peinte » p. 187), de Constantinople (869-870. « ... ce que le langage dit et prêche avec des syllabes, cette écriture [des images] le fait avec des couleurs » *ibid.*), de Trente (1563. « ... l'honneur rendu aux images s'adresse aux modèles qu'elles représentent » à la différence du culte et de l'adoration païens qui allaient à la statue même, p. 188), de Pistoia (1794 : légitimité des cultes de la Vierge sous titres et représentations particulières, comme *Notre-Dame de Lorette*, *Notre-Dame des douleurs*, point extrême dans l'indulgence).

(*suite de la note, p. 7*)

Au cours du présent siècle, les conduites symboliques ont suscité, dans des cercles par ailleurs fort divers, un considérable renouveau d'intérêt. Parmi les philosophes, c'est sans doute le néo-kantien Ernst Cassirer qui leur a consacré l'enquête la plus

> Saint Thomas écrit à cet égard : « L'acte qui se porte vers une image est double, selon qu'il va à l'image comme objet particulier, ou qu'il se porte vers elle comme image d'un autre. La différence entre ces deux mouvements est que le premier a pour objet la chose même qui en représente une autre, au lieu que le second s'adresse, à travers le premier, à ce que l'image représente ». Il y a idolâtrie dans le premier cas, non dans le second. « On ne doit donc aucun respect à l'image du Christ en tant qu'elle est une chose quelconque, par exemple un morceau de bois sculpté ou peint, parce qu'on ne doit de respect qu'à une créature raisonnable. Il reste donc qu'on ne lui témoigne de respect qu'en tant qu'elle est une image, et c'est pourquoi nous témoignons le même respect au Christ lui-même et à l'image du Christ » (*S. Théol.*, III, 25, 3, cité par Gilson, pp. 195-196).
>
> Naturellement, il resterait à se demander si le fidèle garde toujours présente à l'esprit cette distinction, comme aussi si elle échappait entièrement au païen, adorateur d'idoles. « L'idole est dieu et n'est jamais tout à fait dieu » (Maritain, p. 88).
>
> On trouvera chez Maritain une analyse des idées de Jean de Saint Thomas. Cet auteur groupe, sous l'appellation de *signe*, ce que nous nommerions *substituts*, d'une part, *symptôme*, voire *signal*, de l'autre : image, statue, terme, concept; fumée, « signe » du feu; trace, « signe » du passage du bœuf, gémissement, « signe » de douleur. Il distingue des signes *naturels* ou *conventionnels*, *spéculatifs* ou *pratiques* (gestes de supplication; serment, contrat, sacrement).
>
> Ce qu'il y a de remarquable est que le problème du substitut est ici envisagé dans toute son ampleur et dans la gamme variée de ses manifestations. Le signe est défini « id quod repraesentat aliud a se potentiae cognoscendi » (p. 60) « ut substitutum et vices gerens ad id pro quo substituitur et cujus gerit vices » (p. 62). Quant au mode d'être du signifiant dans le signifié : « Quid est illud in signato conjunctum signo et praesens in signo praeter ipsum signum et entitatem ejus? Respondetur esse ipsummet signatum in alio esse, sicut res repraesentata per speciem est ipsummet objectum in esse intentionale, non reali, et sic, sicut qui videret conceptum, videret id quod in conceptu continetur, ut repraesentatum in eo, et non solum id quod se habet ut repraesentans, sic qui videt imaginem externam, videt non solum munus seu rationem repraesentantis, sed etiam repraesentantum prout in ea. Sed hoc ipso quod videt repraesentatum prout in ea, videt aliquid distinctum ab imagine, quia imago, ut imago, repraesentans est, non vero repraesentatum; illud tamen videt ut contentum et praesens in imagine, non seorsum et ut absens, et unico verbo videt ut distinctum ab imagine, non ut separatum et seorsum » (*Logica*, II Pars, q. 21, a. 6, cité par Maritain, pp. 68-69).
>
> Ce texte remarquable constitue peut-être le meilleur commentaire philosophique de la notion de *conduite double* que nous trouverons chez Janet, et de celle d'*entité à double face*, proposée par Saussure. Nous pouvons souscrire aussi à la conclusion de Maritain : « Dans l'ordre formel objectif, le signe est ainsi quelque chose de très étonnant, dont la routine de la culture nous empêche seule de nous émerveiller » (p. 87).

monumentale, dans sa *Philosophie der symbolischen Formen* [1]. Son entreprise, cependant, est loin d'être isolée, et il faut joindre à son nom, parmi d'autres, ceux de Whitehead, d'Urban, enfin de Suzanne Langer, dont l'ouvrage plusieurs fois réédité : *Philosophy in a new key* (1941), largement tributaire, d'ailleurs, de Cassirer et de Whitehead, présente comme une clé nouvelle de la philosophie l'idée d'une transformation symbolique de la réalité chez l'homme [2]. Plus récemment s'est constituée à Bruxelles une *Société Internationale de Symbolisme*, patronnée par des philosophes, logiciens-mathématiciens, linguistes, ethnologues, psychiatres et esthéticiens en renom, et dont les colloques et cahiers trisannuels « se proposent d'étudier le symbole en tant que problème interdisciplinaire, d'élucider la nature de ses relations avec les sciences exactes, les sciences humaines, la tradition, l'art, les religions » [3].

[1] *Philosophie der Symbolischen Formen*, 3 v., Bruno Cassirer, Berlin, 1923, 1924, 1929, trad. en anglais : *Philosophy of symbolic forms*, Yale Univ. Press, 1953, et résumé dans l'ouvrage du même auteur : *An Essay on Man*, Yale Univ. Press, 1944.

[2] Cf. A. N. WHITEHEAD, *Symbolism : its meaning and effects*, McMillan, 1927; W. M. URBAN, *Language and reality : the philosophy of language and the principles of symbolism*, Allen, 1939; S. K. LANGER, *Philosophy in a new key, a study in the symbolism of reason, rite and art*, Harvard Univ. Press, 1941[1], 1960[2].
Venue, comme on sait, de la logique, Suzanne Langer discute ou intègre à son œuvre les apports, non seulement des philosophes (Cassirer, Whitehead), mais des logiciens (Peirce, Russel, Wittgenstein, Carnap), des sémioticiens (Ogden et Richards, Morris), des linguistes (Jespersen, Sapir), des psychanalystes (analyse du rêve), des ethnologues (étude de la magie, du rite, du sacrement, du mythe), enfin des théoriciens de l'art (en particulier de la musique). Depuis lors, l'auteur a poursuivi dans cette dernière voie, et, dans un second ouvrage d'importance : *Feeling and Form*, 1953, appliqué la *clé nouvelle* à l'interprétation des différents types de productions artistiques (cf. aussi *Problems of Art*, 1957).
Une notable partie de *Philosophy in a new key* est consacrée au langage (pp. 103-143). Très au courant des travaux des psychologues sur la question, S. Langer s'oppose cependant à la tendance behavioriste et réductrice américaine, et développe, concernant le symbole, le signe et le mot, des vues en accord remarquable avec celles de Janet, Wallon et Piaget, dont nous parlerons (et dont elle ignore cependant les travaux).

[3] Cette *Société de Symbolisme* a pour président-fondateur : le Dr M. Engelson, pour secrétaire : Claire Lejeune (40, avenue du Bois, Havré-les-Mons, Belgique), et pour Comité de Patronage : † Gaston Bachelard, Georges Blin, Léon Cellier, Henry Corbin, Mircea Eliade, Ferdinand Gonseth, Marcel Martiny, Eugène Minkowski, André Mirambel, Georges Poulet, Paul Ricœur, Étienne Souriau, Jean Wahl.

Nous verrons dans des chapitres ultérieurs ce que des linguistes comme Saussure ou Sapir, des cliniciens comme Head, enfin des logiciens comme Russell ont pu dire sur la question.

Nous intéressant plus particulièrement ici aux psychologues, nous mettrons hors de pair, d'une part l'impressionnant ensemble de travaux dus aux psychanalystes de toutes tendances (Freud, Adler, Jung, Silberer, Fromm) [1], d'autre part, trois ouvrages ou groupes d'ouvrages, peu distants par la date, et largement compatibles dans leurs vues : *Les débuts de l'intelligence* et *L'intelligence avant le langage* de Janet (1935-1936), *De l'acte à la pensée* de Wallon (1942) et *La formation du Symbole chez l'enfant* de Piaget (1945) [2].

[1] Peut-être l'ouvrage le plus compréhensif et le plus pondéré de cette tendance est-il celui d'E. FROMM, *The forgotten language*, Rinchart, 1951.
Ce *langage oublié* est celui des symboles. L'auteur le scrute dans le rêve, le mythe, le conte, les rituels et la fiction.

[2] On y ajoutera l'ouvrage de K. BÜHLER, *Sprachtheorie, Die Darstellungsfunction der Sprache*, Fisher, 1934, 1965[2], lequel, consacré au langage, met l'accent sur la fonction symbolique et représentative *(Darstellungsfunction)* de ce dernier.
Les deux petits livres de Janet traitent des *conduites intellectuelles élémentaires* qui interviennent entre les actes perceptifs et les divers types de croyance supposant le langage. Le langage et le mot naissent justement de la confluence des conduites du détour, de l'outil, du panier, du commandement et de l'obéissance, enfin et surtout du portrait, du symbole et du signe. Ce qui caractérise ces premières conduites intellectuelles, c'est qu'elles combinent en une unité originale deux conduites simples, par exemple, le détour les conduites du but et de l'obstacle. Suivant la phase considérée, c'est tantôt l'une, tantôt l'autre de ces conduites simples qui vient à l'avant-plan, sans que jamais, cependant, l'autre s'estompe complètement.
Pour Wallon, il y a rupture et hétérogénéité de niveaux entre l'activité sensori-motrice et l'activité représentative, fondée sur la *fonction symbolique*. Préparée par l'imitation et le simulacre (rites et jeux enfantins), cette fonction substitue aux objets réels des symboles, signes, mots et représentations qui les évoquent *en leur absence*. « C'est à ce pouvoir de substitution que la fonction symbolique se ramène. Elle n'est pas la simple somme de gestes déterminés... Elle est ce qui établit une liaison entre un geste quelconque à titre de signifiant, et un objet, un acte ou une situation à titre de signifié. Elle n'est d'ailleurs pas addition, mais dédoublement... la fonction symbolique est le pouvoir de trouver à un objet sa représentation, et à sa représentation un signe » (p. 199).
De même Piaget : « La représentation naît donc de l'union de « signifiants » permettant d'évoquer les objets absents avec un jeu de significations les reliant aux objets présents. Cette connexion spécifique entre des « signifiants » et des « signifiés » constitue le propre d'une fonction nouvelle, dépassant l'activité sensori-motrice et qu'on peut appeler de façon très générale la « fonction symbolique ». C'est elle qui rend possible l'acquisition du langage, mais elle le déborde largement puisqu'elle intéresse également les « symboles » par

Au seuil de cette étude s'impose une distinction capitale : celle qui s'établit entre *signaux, indices, symptômes*, d'une part, *images, symboles* et *signes*, de l'autre. La différence est que les premiers « indiquent l'existence — passée, présente ou future — d'une chose, d'un événement ou d'une condition », tandis qu'avec les seconds « nous développons vis-à-vis des objets *in absentia* une attitude caractéristique, celle que l'on nomme *penser à* ou *se reporter à* ce qui n'est pas sous nos yeux » [1].

Ainsi le chien réagit-il d'emblée au *signal* que constituent pour lui, soit, hors de tout apprentissage, le miaulement du chat, soit — pour peu qu'on l'ait dressé en ce sens — la simple audition du mot *chat*. Ainsi les voyageurs s'embarquent-ils au sifflet du train, signal du départ. Ainsi encore différents types de sonneries nous dirigent-ils vers la porte d'entrée, le téléphone, la table du dîner, la messe, etc. [2] On voit, par ces exemples, qu'il existe des signaux *innés* (ce sont les *stimuli de préparation* des conduites instinctives), et — beaucoup plus nombreux — des signaux *acquis* par liaison associative ou renforcement.

opposition aux signes, c'est-à-dire les images intervenant dans le développement de l'imitation, du jeu et des représentations cognitives elles-mêmes » (p. 292 et p. 9 : « Le problème que nous allons discuter dans cet ouvrage est donc celui de la fonction symbolique elle-même... »).
    Cependant, là où Wallon voit rupture, Piaget signale une continuité fonctionnelle. L'*imitation*, solidaire de l'*accommodation*, aboutit à l'*image* qui n'est qu'une imitation intériorisée (pp. 10-91). Le *jeu* de l'enfant, à base de *symboles*, marque, au contraire, le primat de l'*assimilation* (pp. 92-227). De l'équilibre entre accommodation et assimilation résulte la *représentation cognitive*, liée au langage et à ses signes collectifs (pp. 228 ss.). — Mais ce résumé en trois lignes ne peut laisser soupçonner la richesse et la profondeur des observations contenues dans le livre du maître de Genève.

[1] LANGER, *op. cit.*, p. 57 : « A sign [au sens de *signal*, cf. p. X] indicates the existence—past, present or future—of a thing, event or condition "—p. 30 : " Man, unlike all other animals uses " signs ", not only to *indicate* things, but also to *represent* them "—p. 31 : " They serve... to let us develop a characteristic attitude toward objects *in absentia*, which is called " thinking of " or " referring to " what is not here "—Cf. de même sur la représentation de l'absent : JANET, *op. cit.*, p. 96; WALLON, *op. cit.*, pp. 185 et 194 ss.; PIAGET, *op. cit.*, p. 292.

[2] Cf. sur le signal : LANGER, *op. cit.*, pp. 30-31 ; 57-68 (distinction des signaux *naturels* et *artificiels*); JANET, *op. cit.*, pp. 83, 87; WALLON, *op. cit.*, pp. 191-192; PIAGET, *op. cit.*, p. 46.

Le signal annonce un événement à venir et déclenche la conduite correspondante, suivant une séquence sujette, au moins chez l'animal, à stéréotypie. Plus souple, et moins lié à l'action qu'à la connaissance, l'*indice* instruit indifféremment sur le passé, le présent, le futur. La route humide indique qu'il a plu, le crépitement sur le toit qu'il pleut, la chute du baromètre qu'il pleuvra [1].

Enfin, on parlera de *symptôme* lorsqu'un événement isolé renvoie à la constellation d'ensemble dont il fait partie, plutôt qu'à l'une quelconque de ses composantes, comme la chute du baromètre au fléchissement de la pression atmosphérique, ou le hérissement du poil à la colère [2]. Si la médecine a fait de cette notion un usage privilégié, c'est en accord avec ce sens général.

Signal, indice et symptôme jouent un rôle éminent dans la perception : « L'animal qui a perçu sa proie, peut, au cours de la poursuite, ne plus percevoir qu'une odeur, que des sons, ou des empreintes sur le sol ou dans les fourrés, et, à travers ces impressions divisées, c'est pourtant toute la proie qu'il perçoit encore » [3].

D'une tout autre portée apparaissent le portrait, les symboles, les signes — en général, les *substituts représentatifs*. « Pour un chien intelligent, le nom d'une personne est un signal que la personne est présente. Vous prononcez le nom, le chien dresse l'oreille et cherche la personne... Chez l'homme, le cas est différent. Nous employons entre nous certains *signes* qui ne renvoient à rien dans l'environnement actuel. La plupart des mots que nous prononçons ne sont pas des signes au sens de signaux. Ils sont employés pour parler *des* choses, non pour diriger nos yeux, nos oreilles, nos nez vers elles » [4].

---

[1] Exemple repris à LANGER (p. 57), laquelle, cependant, ne réserve de place spéciale ni de nom à l'*indice*. Cf. sur ce dernier : WALLON, *op. cit.*, pp. 192-193; PIAGET, *op. cit.*, p. 46. — Le cas de la fumée évoquant le feu, cité depuis le Moyen Age comme exemple de *signe*, est à ranger parmi les *indices*. De même les *vestiges* et les *traces* (traces de pas, etc.).

[2] S. LANGER est la seule qui mentionne le *symptôme* dans ce contexte, et le définisse excellemment (p. 57).

[3] WALLON, *op. cit.*, p. 193.

[4] LANGER, *op. cit.*, pp. 30-31. Cf. aussi p. 60 (" A term which is used symbolically and not signally does *not* evoke action appropriate to the presence

De même, « quand vous regardez le portrait d'un ami, vous avez une conduite bizarre : vous éveillez certainement la conduite relative à l'ami, vous dites son nom, vous avez même un sourire aimable en regardant le portrait, comme si vous vous prépariez à le recevoir, vous dites même : « oh oui, c'est bien lui ». Mais on ne peut pas dire que vous ayez réellement la conduite vis-à-vis de votre ami. Vous tenez un papier en l'air, vous ne pourriez pas en faire autant de l'ami, et vous finissez par mettre le portrait dans un tiroir, ce qui n'est guère possible pour l'ami. C'est que vous avez en même temps la conduite vis-à-vis d'un morceau de papier que vous maniez comme un papier précieux, en évitant de le froisser, en le rangeant dans un tiroir. La conduite du portrait est une oscillation perpétuelle entre ces deux actions.

Eh bien, notre conduite vis-à-vis d'un symbole est tout à fait semblable. Vous tenez une petite croix de bois entre les mains, et vous prenez l'attitude religieuse de respect, d'adoration et d'espoir. Mais cette croix n'est pourtant pas la religion chrétienne, elle ne mérite pas ces égards. Vous ne la considérez pas comme un objet si précieux, puisque vous savez bien que c'est un petit morceau de bois que vous allez déposer sur un coin de table où vous ne pourriez pourtant pas mettre toute la religion chrétienne »[1].

D'où le caractère *double* ou *intermédiaire* de toute conduite de ce genre qu'illustre la formule, tant de fois répétée : *c'est cela et ce n'est pas cela*[2]. « Un symbole est un phénomène plus complexe

of its object. If I say : " Napoléon ", you do not bow to the conqueror of Europe as though I had introduced him, but merely think of him "), et pp. 61-62 la distinction des noms propres, employés soit comme *call-names* (intelligibles à l'animal) et comme *symbol names* (réservés à l'homme).

[1] *Op. cit.*, 1936, pp. 89-90. Cf. pp. 85-85 et 1935, pp. 216-227.

[2] JANET, *op. cit.*, 1935, p. 217 : « c'est un mammouth et ce n'est pas un mammouth »; 1936, p. 84 : « Le drapeau ou le totem porté sur une pique est un singulier objet, il existe et il n'existe pas. Dans un sens, il existe en tant qu'il est un morceau de bois surmonté d'une tête d'oiseau, mais nous disons qu'il est la nation entière et il n'est pourtant pas cette nation entière ». — BÜHLER, *op. cit.*, 1934, p. 41 : « Es ist es und es ist es noch nicht »; « C'est Wallenstein et ce n'est pas Wallenstein en personne, mais c'est l'acteur Basserman qui joue Wallenstein ». — MARITAIN, *op. cit.*, 1956 : « L'idole est dieu et n'est jamais tout à fait dieu ». — La notion de *dédoublement* joue de même

qu'un acte simple, il a toujours un caractère double analogue à celui que nous avons déjà remarqué dans tous les actes intellectuels. On pense à la fois au lis et à la jeune fille, on oscille de l'un à l'autre sans se fixer définitivement, tandis qu'un acte simple, même déterminé par l'association, reste unique » [1].

Passant maintenant au classement des substituts représentatifs, nous distinguerons parmi eux deux lignes essentielles d'évolution et filiation :

1. celle du *portrait*, fondé sur la ressemblance *perceptive*, et lié dans ses origines à l'imitation ou, comme dit Piaget, à l'*accommodation*.

2. celle du *symbole*, fondé sur une communauté de réactions *affectives* et faisant intervenir l'*assimilation*.

Dans la ligne du *portrait* se situent — à des niveaux d'évolution divers — les gestes et apprêts par lesquels un individu simule et mime l'aspect, les attitudes, les actions d'un autre être (jeux imitatifs de l'enfant; danses et pantomimes — de l'ours, du serpent, du totem — chez les primitifs; art théâtral), les pratiques ludiques ou magiques qui évoquent un événement par simulacre (par ex. la pluie par une apparence d'eau qui tombe et le geste de s'en protéger), les figurations graphiques, picturales et plastiques, la photographie, le cinéma et la télévision, enfin l'image mentale, imitation intériorisée, selon Piaget, représentation substituée à l'action imitatrice, selon Wallon [2].

un rôle essentiel chez Wallon, et chez Piaget, celle de *dissociation* entre signifiant et signifié.
[1] JANET, 1936, p. 85.
[2] Sur tout ceci — en particulier sur les rapports très controversés de l'imitation et du portrait — voir : JANET, 1935, pp. 205-231; WALLON, 1942, pp. 131-184; PIAGET, 1945, pp. 10-91.

Cette énumération sommaire indique assez quelle place occupe le portrait dans notre « civilisation de l'image ». Le portrait peut, d'ailleurs, se simplifier et s'intellectualiser en *schéma* : carte de géographie, plan d'une ville ou d'une habitation, silhouette d'appareil, à la limite : figure géométrique.

La parenté est moins immédiatement visible et la part de fiction plus grande dans le couple du *symbole* et du *symbolisé*. Ce qui les relie et fait que l'un évoque l'autre, c'est la communauté de réactions affectives qu'ils provoquent, communauté issue, soit du psychisme inné, soit d'habitudes culturelles, soit enfin d'expériences et associations individuelles.

Peut-être est-ce dans le phénomène bien connu, quoique non général, de l'*audition colorée* qu'on saisirait les symbolisations les plus élémentaires [1]. Non très loin se situeraient les *Éléments* de Bachelard et les *Archétypes* de Jung [2]. Par-delà se présente en masse l'infinie variété d'actes, objets et images allégoriques qui jouent dans la religion, les mythes, les rites, la magie, la Justice, la vie sociale, la poésie, les jeux de l'enfant, le rêve, enfin nombre

---

[1] L'auteur de la présente étude voyait a en noir, e en blanc, i en rouge, bien avant qu'il n'eût lu le *sonnet des voyelles* de Rimbaud :

> A noir, E blanc, I rouge, O bleu, U vert, voyelles,
> Je dirai quelque jour vos naissances latentes...

Par contre, O et U n'ont jamais évoqué pour lui autre chose que des sons. Nous verrons que Sapir appelle *symboliques* les langues fondées sur l'alternance vocalique. Il note à ce sujet (*Language*, 1921, p. 126, n.) : « Il y a probablement une réelle connexion psychologique entre le symbolisme et des altérations signifiantes comme *drink, drank, drunk*... Personnellement, j'éprouve devant le passage de *sing* à *sang* une impression très analogue à celle que provoque l'alternance de couleurs symboliques : vert pour la sécurité, et rouge pour le danger. Mais nous différons probablement beaucoup quant à l'intensité du symbolisme ressenti dans des changements linguistiques de ce type ».

[2] Cf. F. Pire, *De l'imagination poétique dans l'œuvre de Gaston Bachelard*, Corti, 1967, et E. Fromm, *The forgotten language*, 1951, qui oppose aux *symboles accidentels* (associations freudiennes) les *symboles universels* " in which there is an intrinsic relationship between the symbol and that which it represents ", (p. 15) et qui sont " rooted in the experience of an affinity between an emotion and thought on the one hand and a senory experience on the other " (p. 17).

Sur les archétypes et symboles généraux de Jung, et leur interprétation par les lois générales de la mentalité infantile, plutôt que par une hérédité mystérieuse, voir Piaget, *op. cit.*, pp. 208-211.

de symptômes névrotiques ou psychotiques non moins que de pratiques psychothérapiques et cathartiques [1].

De même que le portrait peut se simplifier en schéma, le symbole peut se dégrader — ou se purifier — en *signe*, quand s'oblitère la composante affective qui l'a fait naître. Il ne reste alors qu'un *substitut à l'état pur*, dénué de toute ressemblance soit perceptive, soit affective, avec l'objet. Les guerriers achéens ou germains enlevaient leur casque pour se rendre à merci, geste dont le symbolisme est évident. Un lointain résultat de cette pratique est que nous nous découvrons devant un supérieur. Le symbole transparent des origines est devenu opaque, se muant en *signe* de respect. « En général, on peut dire que les symboles marchent vers les signes en perdant peu à peu le sentiment primitif qui les caractérisait »[2]. Rien n'empêchera alors que l'homme crée directement des signes nouveaux, sans passer par l'étape du symbole. En toute hypothèse, le signe paraît, à celui qui l'utilise, *arbitraire* et ne peut donc trouver de fondement qu'en une *convention sociale*, explicite ou tacite.

Un autre caractère essentiel oppose le signe aux portraits, schémas et symboles. Ceux-ci sont *pluridimensionnels* et capables d'évoquer par dispositions simultanées dans l'espace les composantes multiples d'un objet. Les signes n'ont qu'une dimension et si l'on veut par leur secours décrire une réalité qui n'est pas simple, force sera de les enchaîner linéairement dans le temps suivant syntaxe convenable [3]. C'est ce qui fait la difficulté de

---

[1] Cf. Janet, 1936, pp. 73-97; Piaget, 1945, pp. 93-228 (jeu et rêve); Langer, 1941, pp. 144-203 (rêve, rites, sacrements, pratiques magiques, totems, idoles, mythes); Fromm, 1951 (rêve, mythe, rites, fiction) et parmi les productions plus récentes, le pénétrant ouvrage de Ph. Malrieu, *La construction de l'imaginaire*, Bruxelles, Ch. Dessart, 1967.

[2] Janet, 1936, p. 81. — Sur l'opposition du symbole et du signe, voir Janet, 1936, pp. 79-82; 91-92; 126; Wallon, *op. cit.*, pp. 194-195; Piaget, *op. cit.*, pp. 68 et 179.

[3] Cf. les très profondes réflexions de Leroi-Gourhan, 1964, pp. 269-275. — Peirce (*Collected Papers* : t. II, Harvard Univ. Press., 1932) distinguait dans le même sens sinon dans les mêmes termes, un mode de signification *symbolique* (par signes et mots) et un mode *iconique* (par images), ce dernier se subdivisant, suivant qu'il y a entre signe et signifié, similarité de *qualité* (la couleur dans

l'expression verbale, comme l'éprouvent, tant celui qui écrit un livre ou prépare une conférence que le petit enfant qui apprend à parler. « Parler, ce n'est pas autre chose que de distribuer en propositions, en mots, en phonèmes successifs des ensembles qui ont chacun son unité simultanée dans l'appareil mental; c'est détailler en instants successifs ce qui ne peut être d'abord conçu ou prévu que d'ensemble et en une fois. La difficulté pour le petit enfant est visiblement d'ordonner entre elles les syllabes du mot qui répondraient à ce qu'il a dans l'esprit et il n'a d'abord que des mots dissyllabiques où la même syllabe se répète. C'est aussi d'enchaîner entre eux les mots qui seraient nécessaires pour énoncer les termes de sa pensée, et il n'a d'abord que des mots-phrases. C'est enfin de marquer comment s'articulent entre elles les circonstances qu'il retrace, et il ne peut pas subordonner entre elles les propositions à l'aide des conjonctions. Suivant une marche inverse, l'aphasique perd l'usage de la syntaxe et de la construction verbale. Avec la parole, c'est l'instrument de la pensée discursive qui n'est pas encore éclos chez l'enfant, et qui s'effeuille chez l'aphasique » [1].

Le paradoxe est que c'est cette difficulté de détailler en instants successifs le contenu syncrétique de la pensée humaine, qui a conduit aux succès de celle-ci. D'autre part, l'indigence représentative du signe devient, elle-même, un avantage, en ce qu'elle permet d'« escamoter.. la masse des images et des opérations mentales dont l'actuelle évocation serait inopportune, parce qu'elle détournerait la pensée de sa direction présente » [2].

---

un tableau) ou de *structure* (carte de géographie). — S. LANGER, *op. cit.*, pp. 63 ss. distingue un symbolisme *presentational* (peinture, dessin, diagramme) sans vocabulaire ni syntaxe, fondé sur l'articulation et la synthèse simultanée, et un symbolisme *discursif* (langage, proposition) enchaînant les signes dans le temps suivant syntaxe appropriée. — Cependant, pour elle, la musique, quoique se déroulant dans le temps, a un caractère *presentational* et fait correspondre à la *forme* du sentiment une *forme* sonore (ch. VIII).

[1] WALLON, *Encycl. Franc.*, t. VIII, 8-32-11. On comparera E. H. LENNEBERG, *Biological Foundations of language*, Wiley, 1967, pp. 218-219 : *Time, The most significant dimension in language physiology*.

[2] *Ibid.*

C'est par-là que pensée abstraite et pensée verbale apparaissent solidaires.

On aura compris que les signes dont use l'homme, sont par excellence ceux qui prennent place dans le langage. La structure de ce dernier, son lexique, sa syntaxe relèvent de la linguistique et ne peuvent être analysés sans son secours. Cette analyse fera l'objet de chapitres ultérieurs.

Cependant, si les origines du langage auditivo-verbal se confondent, comme nous le verrons, avec celles de l'humanité, un second système de signes, celui-ci visuo-manuel, apparaît dans les sociétés agraires du néolithique, bien après que l'homme eut appris à peindre, sur les parois des cavernes, des compositions figuratives et symboliques. L'invention de l'écriture suppose, comme Leroi-Gourhan l'a noté avec profondeur, la *linéarisation des symboles* et le passage de ceux-ci au stade de *signes*, d'ailleurs jumelés aux signes du langage. « Le symbolisme graphique bénéficie, par rapport au langage phonétique, d'une certaine indépendance : son contenu exprime dans les trois dimensions de l'espace ce que le langage phonétique exprime dans l'unique dimension du temps. La conquête de l'écriture a été précisément de faire entrer, par l'usage du dispositif linéaire, l'expression graphique dans la subordination complète à l'expression phonétique » [1].

On connaît les étapes de cette évolution. Ce que l'on saisit au début (en Égypte, en Sumer, en Chine), c'est, soit, dans des listes comptables, des *pictogrammes* d'animaux, sacs de blé, etc. joints à des traits marquant le nombre, soit, dans des *textes* au sens propre, des *idéogrammes* très simplifiés et conventionnalisés, liés pour le scripteur comme pour le lecteur, au nom indicateur de l'idée (par ex. en Chine, une femme sous un toit, pour signifier la *paix* : ngan) [2].

---

[1] *Le geste et la parole*, t. I, 1964, pp. 270-272. Cf. tout le chapitre VI : *Les symboles du langage*, pp. 261-300.
[2] LEROI-GOURHAN, *op. cit.*, p. 284.

La liaison au langage oral se fait plus stricte dans le système du *rébus* (où un mot comme *détour* serait transcrit par les signes du *dé* et de la *tour*), et davantage encore dans les alphabets consonantiques des Phéniciens (vers 1200 av. J.-C.) et les alphabets à voyelles des Grecs (VIIIe siècle). A son terme, l'écriture phonétique est devenue système de signes au *second degré*. On sait, cependant, que l'écriture idéographique s'est maintenue en Chine, et qu'elle s'est réintroduite en mathématique, en logique, en chimie, en musique, revenant même parfois à une représentation pluridimensionnelle, comme c'est le cas dans la notation musicale et dans les formules de l'algèbre ou de la chimie organique.

L'animal, s'il réagit au *signal*, ne dispose pas de *signes* [1]. Il ne comprend non plus ni le portrait ni le symbole, quoique la réaction du chimpanzé à ces derniers soit digne de remarque. Maints oiseaux croient voir dans le miroir un animal réel, le *trompe l'œil* se substituant au *portrait*. Chien et chat ont des débuts de conduite du même genre, bientôt bloqués par une rectification qui dissipe tout intérêt. Quant au chimpanzé, après diverses manœuvres tendant à atteindre et surprendre la silhouette derrière la glace, il prend son parti de l'échec, mais au lieu de se désintéresser de la situation, il s'en amuse et *joue* à se mirer ou mirer les objets dans des surfaces réfléchissantes de toute nature (flaques d'eau, etc) [2]. S'il est vrai que, comme l'explique Janet avec

---

[1] A moins qu'on n'interprète dans ce sens les expériences bien connues de Wolfe (1936), Cowles (1937) sur l'usage des jetons chez les chimpanzés. Ceux-ci sont dressés à obtenir un ou deux grains de raisin, de l'eau, etc. en introduisant, dans un appareil distributeur, des jetons de différentes couleurs. Ils apprennent, d'autre part, à se procurer ces jetons en actionnant un appareil voisin. Malgré un délai de trois à vingt-quatre heures introduit entre les deux opérations, les animaux cherchent à amasser les jetons, y attachent un prix variable suivant leur couleur et leur « valeur », enfin procèdent entre eux à des échanges qui satisfont les deux parties. L'analogie avec des *signes monétaires* est évidente. Il est douteux, cependant, que ces manipulations impliquent la notion précise du *signe, substitut de l'absent*, et sans doute suffit-il d'y voir des manifestations extrêmes du *secondary reward learning* (Cf. E. R. Hilgard - D. G. Marquis, *Conditioning and learning*, Appleton, 1940, pp. 62-65).

[2] W. Köhler, *L'intelligence des singes supérieurs*, tr. fr., P.U.F., 1931, pp. 303-305. Auparavant ont pris place des ruses de toutes sortes pour saisir la silhouette

profondeur [1], ce soit l'attitude ludique vis-à-vis du trompe-l'œil qui ait permis le portrait, nul doute que nous saisissions ici les débuts d'une évolution qui conduira loin.

Les photographies provoquent, chez les chimpanzés, des réactions analogues, quoique moins nettes [2]. On sait, d'autre part, que ces animaux trouvent un vif plaisir à faire et défaire des pâtés de sciure, ou à barbouiller de leurs excréments ou de toute matière colorante qu'on leur présente, murs et surfaces à leur disposition. Certains dans les années récentes se sont même fait un nom, et pas mal d'argent, par des peintures *non figuratives* en rien inférieures à celles d'artistes cotés [3]. « Ces manifestations, note Leroi-Gourhan, ne sont pas plus de l'art ou de la magie que l'empilage des caisses pour attraper une banane n'est une technique, mais elles signalent à longue distance une issue qui s'ouvre au niveau anthropien » [4].

On trouverait de même, chez les anthropoïdes, les lointains précurseurs du symbole. Comparables aux *curios* et fétiches des primitifs apparaissent ces objets — chiffon rouge, pierre polie,

---

qui se dérobe. « Tenant le miroir d'une main, elle (Rana) ramena son autre bras le plus loin possible derrière son dos, et, d'un geste d'une brusquerie surprenante, porta la main libre vers le fantôme » (p. 303).

[1] *Op. cit.*, 1935, pp. 107-119; 217-218; 226-228; 1936, pp. 94-95. — On comparera la théorie du jeu chez Piaget, *op. cit.*, pp. 153-178.

[2] Köhler, *op. cit.*, pp. 310-316. — La ressemblance est perçue et d'abord interprétée en *trompe-l'œil*, l'animal retournant la photo, cherchant derrière celle-ci le congénère représenté, ou encore adressant à celui-ci un salut. Après déception, cependant, l'un des chimpanzés emporte la photo en la cachant dans le pli de l'aine, signe qu'il y attache de l'intérêt. — L'observation attentive de jeunes enfants (vers 3 ans) montrerait que, devant des photos, ils n'ont pas pleinement dépassé le trompe-l'œil. Témoins les questions à propos d'une voiture : « Pourquoi ne roule-t-elle pas? » ou d'un oiseau : « Pourquoi ne vole-t-il pas? » — Nous avons observé, d'autre part, dans des cas de sclérose cérébrale, un retour au stade du *trompe-l'œil*, faisant interpréter la silhouette dans le miroir comme une personne amie, devenue familière à force de rencontres répétées.

[3] Nous avons vu à Liège, en novembre 1966, l'exposition, certes curieuse, des peintures du chimpanzé Congo (cf. D. Morris, *The biology of Art*, Londres, Methuen, 1962), des chimpanzés Julia, Lotte, Fips, Mano, du gorille Sophie, et du capucin Pablo (cf. sur ceux-ci les travaux de B. Rensch, de Munster, dans *Tierpsychologie*, 14 et 15, 1957 et 1958, et dans *Naturwissenschaft*, 2, 1965).

[4] Leroi-Gourhan, I, p. 153. Cf. Köhler, *op. cit.*, pp. 91-92.

etc., — auxquels certains chimpanzés portent un attachement si passionné qu'ils ne s'en séparent sous aucun prétexte [1]. A l'inverse, on voit de menues poupées ou silhouettes de bœufs ou d'ânes provoquer chez ces animaux des terreurs incompréhensibles, que l'on serait tenté de qualifier de *superstitieuses* [2].

Du portrait et du symbole, qu'est-ce qui, chez l'homme, se présente d'abord? Il est bien connu que, dans les dessins de l'enfant, le souci de la ressemblance n'apparaît qu'assez tard, des gribouillages informes étant donnés d'abord comme représentatifs. Pareillement, « les illusions du jeu chez l'enfant ont pour contrepartie exacte le sentiment et le désir continu de la fiction, comme Janet l'a fort justement noté. S'il présente un bout de papier comme un mets succulent, l'écart même des deux objets est un stimulant de son plaisir. Ses jouets préférés sont surtout les plus informes, ceux pour lesquels les conditions du réel cessent de le dominer aux dépens de ses velléités imaginatives » [3].

La paléontologie offre des données comparables : l'intérêt pour les *curios* (coquilles, cristaux, pierres), doués ou non d'un pouvoir magique (fin de l'ère de Néanderthal, vers 50 000 ans avant J.-C.), précède de beaucoup l'apparition des premières peintures ou sculptures (vers 30 000), elles-mêmes fort stylisées, illustrations symboliques de mythes coulés dans le langage bien plus que reproductions serviles du réel [4]. « Ce sont en réalité

---

[1] les glissant éventuellement dans ce qui lui sert de « poche de pantalon » : l'endroit situé entre le bas-ventre et les cuisses. Cf. KÖHLER, *op. cit.*, p. 90 et pour d'autres exemples, LANGER, *op. cit.*, p. 110.

[2] KÖHLER, *op. cit.*, pp. 306-310 et LANGER, *loc. cit.* (qui se réfère à Kellogg : peur de champignons, de pantalons bleus, de gants de cuir).

[3] WALLON, *op. cit.*, p. 177.

[4] Cf. là-dessus A. LEROI-GOURHAN, *Le geste et la parole*, Albin Michel, 1964-1965, t. I, pp. 261-290 et t. II, pp. 206-256. Le thème central des premières peintures est celui de l'homme et de la femme, représentés symboliquement, d'une part, par le cheval et le bison, d'autre part, alentour, par des organes sexuels plus ou moins stylisés, essentiellement réduits à des lignes de points et de bâtonnets. — L'auteur distingue, dans le déroulement de l'art préhistorique, une période *primitive* de préfiguration (30.000 à 25.000 av. J.-C.), une

des « mythogrammes », quelque chose qui s'apparente plus à l'idéographie qu'à la pictographie, plus à la pictographie qu'à l'art descriptif »[1].

Il semble qu'on puisse conclure avec Janet : « Il y a eu primitivement un germe indistinct de ces actes [figuratifs et symboliques] dans une forme intelligente de l'imitation. De ce germe sont sortis d'un côté le portrait avec développement de la ressemblance, de l'autre le symbole et le signe sans préoccupation de cette ressemblance »[2]. Mieux encore, nous dirons avec Wallon que ce qu'il y a de fondamentalement nouveau chez l'homme c'est la *fonction symbolique* comme telle ou capacité de *représenter l'absent*, cette fonction se manifestant ensuite en conduites variées qui, toutes, l'impliquent[3].

Aux origines, cependant, ou quand baisse l'esprit, il s'en faut que la distinction entre symbole et symbolisé soit nette, et la menace existe toujours que le symbole ou portrait rétrograde vers le trompe-l'œil. C'est ce qui survient en rêve où les images mentales sont prises pour perception d'objets. C'est aussi à quoi tend la pensée primitive en maintes de ses manifestations.

C'est ainsi que l'on verra l'idole se confondre avec le dieu et le totem avec le clan, le rite et le simulacre magique *(se protéger d'une pluie fictive, ployer sous une moisson à venir)* garantir *ipso facto* l'événement qu'ils évoquent, enfin les personnes ou choses réelles supposées affectées à travers leurs images, leurs appartenances, voire simplement leurs noms, prononcés ou écrits (*envoûtement; incantations; cas du malade qui avale le papier où figure le nom du remède;* etc.).

---

période de *schématisme* conventionnel (20.000), une période *archaïque* où l'exécutant vise plus à l'expression affective qu'à la copie (15.000), une période *classique* de réalisme vivant (13.000-10.000), enfin une période *académique* où le réalisme photographique exclut tout sentiment.

[1] *Op. cit.*, t. I, p. 268. — Des « picto-idéographies », dit encore le même auteur (p. 269).
[2] *Op. cit.*, 1936, p. 91.
[3] *Op. cit.*, pp. 197 ss. — Cf. *supra*, n. 2, p. 9.

A propos de tels faits, recueillis par lui en grand nombre, Lévy-Bruhl a parlé d'une *Mentalité Primitive* ou *prélogique*, gouvernée par la *loi de participation*, et rebelle à la pensée logique, que domine le *principe de contradiction*. Maritain a substitué à cette opposition tranchée la thèse de deux *régimes* possibles de l'esprit : *régime de veille*, avec primat de l'intelligence et du souci de *savoir*, *régime de songe*, avec dominance de l'imagination, de l'affectivité et du désir de *pouvoir*. Lévy-Bruhl devait, par la suite, se rallier à ces formules [1]. Maritain notait encore que, chez le primitif le plus fruste, la fusion du symbole et du symbolisé n'est jamais totale, ni exclusive de jeu et d'ironie. C'est aussi ce que signalait Janet [2]. Inversement, combien de fois arrive-t-il au civilisé de *se payer de mots*, et de confondre l'énoncé et le réalisé? Et que penser, par exemple, de ces projets de constitution, mentionnés par Taine, qui, à la fin du XVIIIe siècle, décident gravement :

Article I — Tous les Français seront vertueux.

Article II — Tous les Français seront heureux.

Plus étonnants encore sont les faits de *symbolisation inconsciente* où le recours au symbole s'accompagne d'une totale inconscience du symbolisé. L'exemple classique en est le rêve qui offre, de ce fait, matière à analyse [3]. Cependant, la symbolisation inconsciente

---

[1] MARITAIN, *op. cit.*, pp. 85-94, et, pour l'accord de Lévy-Bruhl, pp. 10-11 et 82-83.

[2] *Op. cit.*, 1935, p. 227.

[3] Les théories psychanalytiques du rêve et du symbolisme onirique ont été admirablement analysées par Piaget (*op. cit.*, pp. 178-227) et par Fromm (*op. cit.*). Pour Freud, tout rêve est réalisation d'un désir refoulé, le plus souvent d'ordre sexuel. Cependant, la censure s'oppose à une gratification avouée et suscite un *déguisement* en quoi consiste justement la symbolisation. — Or « le symbolisme, et singulièrement le symbolisme inconscient, déborde largement le domaine de ce qui est « censurable » ou refoulé, et semble constituer, bien plus qu'un déguisement ou qu'un camouflage, la forme élémentaire de la prise de conscience dans le sens d'une assimilation active »... « et l'on peut donc se demander si son caractère inconscient, c'est-à-dire l'ignorance dans laquelle le sujet demeure de sa signification, ne traduit pas simplement une prise de conscience difficile et incomplète » (PIAGET, pp. 202-203. Cf. pp. 187-193). — Il existe, en effet, à côté de rêves de désir parfaitement transparents, des rêves symboliques qui expriment, soit des désirs non refoulés, soit tout autre chose que des désirs : cauchemars, auto-punition, traduction d'impressions organiques (*Ibid.*, pp. 187-193 et 203-205). La thèse d'un sym-

intervient aussi dans les jeux de l'enfant[1], dans les mythes (d'Œpide, du serpent, etc.)[2], dans la tragédie et ses effets cathartiques, déjà relevés par Aristote, dans les œuvres de fiction, en général, lesquelles nous émeuvent en proportion des zones secrètes qu'elles touchent en nous, dans les faits bien connus de projection, liés aux tests du même nom, enfin dans maints symptômes psychasthéniques ou schizophréniques[3].

La thèse freudienne, on le sait, est que le rêve traduit symboliquement un désir refoulé, que symbolisation implique distorsion, et que la distorsion elle-même résulte de la censure, laquelle proscrit toute conscience du censuré. Mais les faits de transposition imaginative et symbolique sont trop généraux et

bolisme onirique, indépendant de tout refoulement ou censure, se retrouve chez H. Silberer (images du demi-sommeil), chez Adler (expression allégorique des tendances à l'affirmation de soi), chez Fromm, selon qui " dreaming is a meaningful and significant expression of any kind of mental activity under the condition of sleep " (*op. cit.*, p. 25). Le rêve *exprime* l'anxiété et la peur aussi bien que le désir, la raison et la moralité aussi bien que les tendances irrationnelles, " the worst and the best in ourselves " (p. 109).

[1] Cf. des exemples suggestifs chez PIAGET, *op. cit.*, pp. 181-187. « On observe souvent, dans le jeu, l'existence de symboles dont la signification n'est pas comprise du sujet lui-même. Par exemple, un enfant rendu jaloux par la naissance d'un petit frère, et jouant par hasard avec deux poupées de taille inégale, fera partir la petite bien loin, en voyage, tandis que la grande restera avec la mère » (p. 181). — On sait d'ailleurs que de tels jeux sont les objets privilégiés des psychanalyses d'enfants.

[2] Cf. sur ceux-ci, et sur leur *allegorical status not recognised* (LANGER, p. 149), LANGER, *op. cit.*, ch. VII, pp. 171-203 et FROMM, *op. cit.*, pp. 195-235. — Première représentation confuse de l'univers, le mythe verra, suivant S. Langer, sa référence factuelle reprise par la science, et sa signification poétique et émotionnelle reprise par l'Art. La symbolisation émotionnelle règne en maîtresse dans la musique, sans que, cependant, l'auditeur prenne conscience du signifié (p. 245). — FROMM poursuit l'étude du symbolisme du mythe dans les contes (pp. 236 ss. : *Chaperon rouge*), les rites (pp. 241 ss. : *Le Sabbat*), les œuvres de fiction (pp. 249 ss. : *Le Jugement* de Kaffka). Dans tous ces cas, intervient un symbolisme inconscient, opaque pour la pensée rationnelle et l'état de veille, tendu vers l'action efficace, mais intelligible, par exemple, dans l'hypnose (p. 19).

[3] Citons l'observation, longuement commentée par FROMM (*op. cit.*, pp. 47 ss.) d'une jeune femme tourmentée par l'obsession torturante de se laver les mains, aussitôt qu'elle a touché un objet quelconque, et à laquelle elle cède impulsivement sans qu'elle en perçoive le sens. — Pour des raisons qu'il serait trop long de rappeler ici, cette jeune femme, très douce en surface, est en proie à une violente hostilité. Toucher un objet est pour elle un symbole inconscient de détruire, générateur de culpabilité, et se laver les mains un symbole inconscient de conjurer sa culpabilité.

divers pour que la censure, même supposée active dans le rêve, doive ici en rendre compte. Jung, Fromm, S. Langer, Piaget ont souligné à l'envi, quoique de points de vue très divers, la généralité et la spontanéité du « langage des symboles », lequel, s'il diffère du langage rationnel des signes, n'en contient pas, pour autant, que de l'irrationnel. *Forme prélogique plutôt qu'antilogique de pensée*, il annonce dans les condensations et déplacements dont il use, la généralisation et l'abstraction [1]. Il traduit, du sujet, les orientations constructives non moins que les pulsions, " the worst and the best in ourselves " (Fromm). A sa manière inchoative et confuse, il offre une vue du monde, dont hériteront la philosophie et la science (Jung, Langer).

Quant à son inconscience éventuelle et inintégration à la pensée logique, elles résultent des limitations qui grèvent celle-ci, en proportion de ses avantages (Jung, Fromm). Si, pour Piaget, jeu de fiction et symbolisme marquent le primat de l'assimilation sur l'accommodation, le symbolisme inconscient n'est qu'un cas limite d'assimilation pure et égocentrisme total, l'inconscience qui l'affecte, traduisant plutôt qu'un rejet actif, une *prise de conscience difficile et incomplète* [2].

Voici l'homme confronté à un double univers : celui des choses réelles, passibles de manipulations motrices, celui des images, symboles et signes, soumis à manipulations fictives ou mentales. De ce monde nouveau des symboles, quel usage va-t-il faire ?

[1] Piaget, *op. cit.*, pp. 225-227.
[2] *Op. cit.*, pp. 169-178; 212-227 (cf. *supra*, n. 40). Ceci rend compte du cas *particulier* de la symbolisation inconsciente des tendances refoulées : « Le fait général qui rend compte de l'incompréhension d'un symbole par le sujet lui-même, donc du caractère « inconscient » de ce symbole, c'est l'assimilation égocentrique poussée jusqu'à la suppression de toute accommodation actuelle (= de tout contact avec la réalité présente), donc jusqu'à la suppression également de la conscience du moi. Or une tendance refoulée est une tendance que le sujet ne peut pas accepter et à laquelle il refuse ainsi toute accommodation au réel. C'est par conséquent une tendance chassée de la conscience, et il est inutile d'invoquer une « censure » qui la maintiendrait ignorée, puisque le refoulement, lui refusant la possibilité d'accommodation, la rend par cela même inapte à la prise de conscience » (p. 217. Cf. pp. 217-219).

1º D'abord, et originellement, un usage *instinctivo-affectif*. Le portrait d'une personne chère aide à supporter son absence, et de même les appartenances et « souvenirs » qui lui sont liés par contiguïté. Le besoin de puissance, tenu en échec par les choses, s'exerce dans la magie sur leurs dépendances. Enfin, les tensions qui ne peuvent se traduire en actes réels, cherchent une expression symbolique (par ex. fleurir une tombe).

On notera que c'est à ce niveau de la pensée affective que la fusion du symbole et du symbolisé est la plus complète, comme en témoignent le rêve, la magie et le délire.

2º A un moindre engagement émotif, ainsi qu'à une dissociation plus nette entre signe et signifié, correspond l'*usage ludique* des substituts qui se voit dans les jeux et jouets de l'enfant, dans les productions imaginatives de l'adulte — déréglées ou contrôlées —, dans la création littéraire et artistique, voire même dans l'invention scientifique.

A vrai dire, il n'est pas rare que les agencements ludiques trahissent, pour qui sait voir, une composante affective et expressive persistante. D'où les ressources de l'analyse *projective*, appliquée au jeu enfantin, au rêve, au roman, etc. Par l'autre bout, cependant, l'expérimentation ludique achemine aux démarches plus réalistes dont il va être question.

3º Dans l'usage *réfléchi et intelligent des symboles*, l'homme utilise ces derniers aux lieu et place des choses, mais *en prenant soin que les manipulations de symboles soient à tout moment transposables en manipulations motrices sur les choses*. Ici interviennent — explicites ou virtuelles — l'*assertion* et la *promesse*, elles-mêmes expressions d'une *croyance*.

On ne peut reprocher à l'*Odalisque* d'Ingres, création ludique, visant à charmer plus qu'à instruire, la vertèbre qu'elle a de trop. Tout autre est le cas d'une planche d'anatomie, qui se donne pour représentation exacte du modèle. De même, la différence que je fais entre héros de roman et personnage d'histoire, c'est que, remontant par hypothèse le cours du temps, je pourrais rencontrer l'un, en chair et en os, mais non l'autre.

Au rebours de l'imaginaire qui se donne pour tel, planche anatomique et récit historique renvoient à l'ordre des choses, ce qui s'exprime, explicitement ou non, par des jugements, un *cela est*, un *cela fut*.

La logique organise les séquences de jugements en raisonnements. Psychologiquement, le raisonnement n'est, comme l'a montré Rignano, qu'une expérience mentale tenant lieu d'expérience réelle, *mais dont les résultats sont, cependant, transposables au réel*. Comment le géomètre démontre-t-il l'égalité de deux triangles, ayant mêmes côtés et angles adjacents? En appliquant, *par la pensée*, l'un sur l'autre et *constatant* qu'ils coïncident.

Ainsi l'expérimentation sur les signes évite-t-elle des démarches motrices impraticables, tout en arrivant aux mêmes fins. Ainsi, par son pouvoir d'évocation de l'absent, la pensée symbolique dilate-t-elle jusqu'aux confins du cosmos — passé, présent, futur — le champ d'intérêt du psychisme humain.

Ceci ne va pas, cependant, sans un immense danger. *Les choses, en effet, résistent à nos efforts et nous imposent leurs lois. Les signes se laissent faire.* D'où, dans leur maniement, deux directions possibles : celle de la pensée objective et rationnelle, gouvernée par le *principe de réalité;* celle de la pensée subjective et passionnelle, soumise au *principe du plaisir.* Ce dernier domine à des degrés divers la pensée du petit enfant, du primitif, de l'aliéné, voire du normal [1]; le second n'établira définitivement son empire que dans la science.

Ainsi s'explique qu'à tant de points de vue, l'animal paraisse plus sensé que l'homme. « L'*homo sapiens*, seul être doué de raison, est le seul aussi qui puisse suspendre son existence à des choses déraisonnables » [2]. Le mal est moins à craindre chez les *manuels*, peinant sur les choses, que chez les *intellectuels* [3], qui n'ont affaire

---

[1] On se reportera ici à la *pensée égocentrique* de Piaget, à la *mentalité prélogique* de Lévy-Bruhl, à la *pensée déréistique* de Bleuler, etc.

[2] BERGSON, *Les deux sources de la morale et de la religion*, Paris, 1932, p. 106.

[3] Regrettons de devoir employer ce terme affreux, qu'Anatole France eût voulu proscrire lorsqu'au moment de l'affaire Dreyfus, dans le *Manifeste des Intellectuels*, il a fait sa première apparition.

qu'aux mots. *L'intellectuel est si souvent un imbécile qu'on devrait a priori le tenir pour tel, tant qu'il n'a pas fait la preuve du contraire.* Jamais la maxime de Bernanos n'a mieux paru de saison qu'à l'époque où nous sommes [1].

Il importe maintenant que nous nous tournions vers le langage, et cherchions ce qui fait son originalité, dans le groupe plus vaste des fonctions symboliques. Il s'impose, à cette fin, de consulter les linguistes, dont la discipline a atteint, en un siècle et demi d'efforts, un degré de maturité que ne connaît nulle autre science humaine.

---

[1] *Prenez vos désirs pour des réalités, Demandez l'impossible,* clamaient les étudiants contestataires de mai 1968, approuvés par un groupe notable de leurs professeurs.

CHAPITRE II

VUE GENERALE DU LANGAGE

La linguistique du XXe siècle s'ouvre par le *Cours de Linguistique Générale* de Ferdinand de Saussure, « ensemble d'aperçus géniaux dont chacun appelle une exégèse et dont certains nourrissent encore la controverse, projetant la langue sur le plan d'une sémiologie universelle, ouvrant des vues auxquelles la pensée philosophique d'aujourd'hui s'éveille à peine » [1]. On sait que le *Cours* lui-même s'ouvre par la distinction fameuse de la *langue* et de la *parole*.

La *langue* « est un trésor déposé par la pratique de la parole dans les sujets appartenant à une même communauté, un système grammatical existant virtuellement dans chaque cerveau, ou plus

---

[1] E. BENVENISTE, *Problèmes de Linguistique générale*, Paris, 1966, p. 7, © Éditions GALLIMARD. — On sait que le *Cours*, professé de 1906 à 1911, a été publié en 1916 d'après des notes d'élèves par MM. Bally, Sechehaye et Riedlinger (Payot, Éd.). — Sur la pensée originale de Saussure, ses hésitations et formulations successives, on consultera : R. GODEL, *Les sources manuscrites du Cours de Linguistique Générale de Ferdinand de Saussure*, Paris, Droz, 1957.

exactement dans les cerveaux d'un ensemble d'individus, car la langue n'est complète dans aucun, elle n'existe parfaitement que dans la masse » [1]. C'est dire qu'essentiellement psychique, elle est aussi sociale.

La *parole* « est au contraire un acte individuel de volonté et d'intelligence dans lequel il convient de distinguer : 1º les combinaisons par lesquelles le sujet parlant utilise le code de la langue en vue d'exprimer sa pensée personnelle [autrement dit, les *phrases* et le *discours*]; 2º le mécanisme psycho-physique qui lui permet d'extérioriser ces combinaisons » [2]. Le processus ici est de nature double, mi-psychologique, mi-physiologique.

Si nettement qu'elles se distinguent, langue et parole n'en sont pas moins solidaires. La langue s'impose aux individus et rend leurs propos intelligibles. Mais il n'y aurait pas de langue sans parole, et « historiquement, le fait de parole précède toujours ». C'est en entendant parler les autres que nous apprenons notre langue maternelle, et c'est d'autre part, la parole qui fait évoluer la langue. « Il y a donc interdépendance de la langue et de la parole : celle-là est à la fois l'instrument et le produit de celle-ci » [3].

Qu'est-ce, maintenant, qui caractérise la langue dans l'ensemble des faits sociaux (juridiques, politiques, etc.)?

> « La langue est un système de signes exprimant des idées, et, par-là, comparable à l'écriture, à l'alphabet des sourds-muets, aux actes symboliques, aux formules de politesse, aux signaux militaires, etc. Elle est seulement le plus important de ces systèmes.
> On peut donc concevoir une science qui étudie la vie des signes au sein de la vie sociale; elle formerait une partie de la psychologie sociale, et par conséquent de la psychologie générale. Nous la nommerons sémiologie (du grec *sêmeion*,

---

[1] *Cours*, p. 30.
[2] Pp. 30-31. — Sur la notion de *discours*, cf. le *Cours*, p. 31. — Sur les phrases, manifestations de la *parole* quoique leurs types généraux trouvent leurs supports dans la *langue*, voir pp. 172-173.
[3] P. 37.

signe). Elle nous apprendrait en quoi consistent les signes, quelles lois les régissent. Puisqu'elle n'existe pas encore, on ne peut dire ce qu'elle sera, mais elle a droit à l'existence, sa place est marquée d'avance; les lois que découvrira la sémiologie seront applicables à la linguistique, et celle-ci sera ainsi rattachée à un domaine bien défini dans l'ensemble des faits humains » (*Cours*, p. 33).

Le caractère essentiel du signe est d'être à *double face* (p. 145). Ainsi du signe linguistique. Il suppose un *signifiant* : l'image acoustique, et un *signifié* : le concept.

« Nous appelons signe la combinaison du concept et de l'image acoustique. Mais dans l'usage courant, ce terme désigne généralement l'image acoustique seule, par ex. un mot (*arbor*, etc.). On oublie que, si *arbor* est appelé signe, ce n'est qu'en tant qu'il porte le concept « arbre », de telle sorte que l'idée de la partie sensorielle implique celle du total » (p. 99).

Mais le signe linguistique se distingue des autres par une double propriété :

1º Lié à l'ouïe, il implique un signifiant *linéaire*, se déroulant dans le temps et mesurable suivant une seule dimension, transposée éventuellement dans la ligne spatiale de la représentation graphique. Tout différents sont les signes directement visuels, qui offrent des ressources pluridimensionnelles.

2º Le signe linguistique est *arbitraire* et s'oppose au *symbole*, toujours plus ou moins *motivé*. On distingue, en effet des *signes naturels*, comme la pantomime, des *signes mixtes*, où l'expressivité naturelle se plie à une règle sociale (telles les marques de politesse), enfin des signes *arbitraires* où le lien entre signifiant et signifié repose sur la convention et l'habitude collective. Ces derniers comprennent les faits de langage et forment l'objet privilégié de la sémiologie.

« On s'est servi du mot *symbole* pour désigner le signe linguistique, ou plus exactement, ce que nous appelons le signifiant. Il y a des inconvénients à l'admettre... Le symbole a pour caractère de n'être jamais tout à fait arbitraire. Il n'est pas vide, il y a un rudiment de lien naturel entre le signifiant et le signifié. Le symbole de la justice, la balance, ne pourrait être remplacé par n'importe quoi, un char, par exemple ». (p. 101. Cf. p. 106).

De l'arbitraire du signe linguistique résultent deux conséquences, dont la contradiction n'est qu'apparente : celle de la *continuité* du signe, non exclusive de son *altération* dans le temps.

Conventionnels et non motivés, très nombreux et organisés en système complexe, enfin utilisés par la masse et non exclusivement par des groupes restreints, les signes linguistiques échappent à toute possibilité de remise en question et paraissent, aux individus conscients qui en font usage, *immuables*.

A leur insu, cependant, et sous l'effet de la parole [1], ils s'altèrent insensiblement, le rapport se déplaçant entre signifiant et signifié. Les mots changent de sens aussi bien que de forme (cf. *necare* « tuer », devenu : *noyer*). Des lois phonétiques aveugles s'attaquent à la substance phonique, masquant des liaisons originellement obvies (ex. *amicus, inimicus* devenus *ami, ennemi*). L'agglutination fond dans un seul terme, opaque, des ensembles primitivement transparents (ex. *au-jour-d'-hui*). En sens inverse, l'*analogie*, largement consciente et intentionnelle, au moins à ses débuts dans la parole [2], restaure des parties d'ordre dans les composés, dérivés et systèmes flexionnels qu'elle finit par imposer.

De ces considérations, résulte une scission de la linguistique en deux disciplines distinctes par leurs objets non moins que par leurs méthodes, l'une, *synchronique*, qui « s'occupera des rapports logiques et psychologiques reliant des termes coexistants et

---

[1] « Rien n'entre dans la langue sans avoir été essayé dans la parole, et tous les phénomènes évolutifs ont leur source dans la sphère de l'individu » (p. 231. Cf. pp. 138, 197 et 237).

[2] Les créations analogiques abondent dans le langage des enfants (Ex. *viendre, tiendre*, sur le modèle d'éteindre). Un petit nombre d'entre elles seulement passent dans la langue. — Ajoutons que l'analogie n'est consciente qu'en un sens relatif, n'excluant pas la pénombre de la conscience et s'opposant seulement au caractère physiologique des lois phonétiques. (Cf. le texte manuscrit cité par GODEL, *op. cit.*, p. 38).

formant système, tels qu'ils sont aperçus par la même conscience collective », l'autre, *diachronique*, qui « étudiera, au contraire, les rapports reliant des termes successifs non aperçus par une même conscience collective, et qui se substituent les uns aux autres sans former système entre eux » (p. 140).

A l'état synchronique — le seul, notons-le, où la perçoivent les usagers — la langue met en œuvre des signes, mais *organisés en système*, et tirant de ces systèmes leur *valeur*. « Qu'on prenne le signifié ou le signifiant, la langue ne comporte ni des idées ni des sons qui préexisteraient au système linguistique, mais seulement des différences conceptuelles et phoniques issues de ce système. Ce qu'il y a d'idée ou de matière phonique dans un signe importe moins que ce qu'il y a autour de lui dans les autres signes » (p. 166).

Cependant, « dire que tout est négatif dans la langue, cela n'est vrai que du signifié et du signifiant pris séparément : dès qu'on considère le signe dans sa totalité, on se trouve en présence d'une chose positive dans son ordre. Un système linguistique est une série de différences de sons combinée avec une série de différences d'idées ; mais cette mise en regard d'un certain nombre de signes acoustiques avec autant de découpures faites dans la masse de la pensée engendre un système de valeurs ; et c'est ce système qui constitue le lien effectif entre les éléments phoniques et psychiques à l'intérieur de chaque signe » *(ibid.)*.

Les entités de la langue sont donc toujours relatives, à la fois solidaires et oppositives. Cette interdépendance joue dans deux directions, génératrices d'autant d'ordres de valeurs. Elle est *syntagmatique* dans la chaîne parlée où la valeur d'une unité dépend de son contexte, et celle d'un composé de ses constituants (ex. march-ons) ; *associative* [ou *paradigmatique*] dans la pensée où, par exemple, un terme comme *marchons* évoque, d'une part, *marche, marchez*, et de l'autre, *montons, allons*, etc., toutes séries au sein desquelles l'idée à exprimer suscite un choix.

De solidarités de ce genre, à la fois et conjointement syntagmatiques et associatives, résulte — en proportions variables suivant les idiomes — une limitation de l'arbitraire du signe, désormais pour partie *motivé* (cf. la série : *pomm-ier, poir-ier*, etc.). Aux langues *ultralexicologiques*, comme le chinois, qui présentent le maximum d'arbitraire, s'opposent les langues *ultragrammaticales*, comme l'indo-européen, où le poids de la motivation est considérable. La vérité est que « tout ce qui a trait à la langue demandera à être abordé de ce point de vue qui ne retient guère les linguistes : la limitation de l'arbitraire. C'est la meilleure base possible. En effet, tout le système de la langue repose sur le principe irrationnel de l'arbitraire du signe, qui, appliqué sans restriction, aboutirait à la complication suprême. Mais l'esprit réussit à introduire un principe d'ordre dans certaines parties de la masse des signes, et c'est là le rôle du relativement motivé » (p. 182. Cf. p. 223)[1]. Cette part de motivé, visible dans les composés, les dérivés, enfin dans les régularités flexionnelles et généralisations analogiques, résulte justement de leur transparence à la double analyse syntagmatique et associative.

On sait à quel point la distinction saussurienne de la langue et de la parole, la théorie du signe linguistique et de la langue : *système* de signes, le primat de l'analyse synchronique, enfin la double notion des rapports syntagmatiques et paradigmatiques ont dominé la linguistique *structurale* ou *descriptive* qui est l'une des créations du XXe siècle[2]. Que chaque langue constitue un

---

[1] Même idée chez JESPERSEN, *Language*, 1922, p. 366 : " Every language, when studied in the right spirit, presents so many beautiful points in its systematic structure that it may be called a " kosmos ". But it is not in every way a kosmos; like everything human, it presents fine and less fine features, and a comparative valuation... should take both into consideration ". Le même auteur ajoute que : " The development has been from something nearer chaos to something nearer kosmos " *(ibid.)*.

[2] Rappelons ses principaux foyers : l'École de Prague, avec Troubetskoy et Jakobson, initiateurs de la *phonologie*, sous l'influence conjuguée de Saussure et du russe Baudoin de Courtenay; l'École de Copenhague, avec — au-delà de Jespersen (1922, 1924) — L. Hjelmslev, promoteur de la *glossématique*, théorie du langage fondée sur la mise en regard systématique des plans du *signifiant* et du *signifié* (« expression » et « contenu »), chacun comportant une *substance* et une *forme* (ou *valeur*) (HJELMSLEV, 1961 et 1966); l'École américaine qui, après les précurseurs géniaux que furent Boas (1911) et Sapir (1921), trouve en Bloomfield (1933) son théoricien, lequel inspire dans une mesure

système fondé sur une structure *sui generis*, c'est-à-dire sur un agencement particulier d'unités interdépendantes à différents niveaux, c'est ce dont plus un linguiste ne doute aujourd'hui.

Les psychologues de laboratoire ont été plus lents à s'en pénétrer, et tous ne l'ont pas encore compris. Réduction du signe au signal et de la séquence syntaxique à une association temporelle, le tout s'expliquant par le conditionnement et le renforcement, voilà ce qui, jusqu'à une date récente, inspirait leurs théories [1].

---

variable un Harris (1951), un Gleason (1955), un Hockett (1958). La tendance ici est de se confiner au plan du signifiant suivant les postulats behavioristes.
— Enfin, pragmatiste et hostile à tout dualisme (langue-parole, signifié-signifiant, esprit-corps), l'Ecole anglaise (Malinowski, 1923; Firth, 1957) voit dans le langage, non pas tant un moyen d'expression ou instrument de réflexion qu'un mode d'action prenant place dans un contexte défini, soit linguistique, soit situationnel.
Parmi les structuralistes indépendants et éclectiques (ou plus exactement : synthétistes) nous citerons Martinet (1953) et Malmberg (1963). Aucun des auteurs cités, cependant, n'atteint à la hauteur de vue d'un Benveniste, dont les *Problèmes de Linguistique Générale* (1966) offrent aux psychologues, sociologues et philosophes non moins d'occasions de réflexion qu'aux linguistes.

[1] Cf. Morris (1946), Osgood (1952), qui sont dans la ligne de Hull; Skinner (1957); Mowrer (1960). Les idées de Morris, Osgood et autres ont été discutées par M. Scheerer (*Cognitive theory*, dans Lindzey, *Hdb. Soc. Psychol.*, I, 1954, pp. 91-142, en particulier 125-132). Sur l'ouvrage de Skinner, on lira le C.R. très développé de Chomsky, dans *Language*, 35, 1, 1959, pp. 26-58. Il est remarquable, enfin, que Mowrer explique l'opposition de R. W. Brown (1958, p. 102) à sa théorie du mot *stimulus médiateur* par la raison que " the author has immersed himself in formal linguistics (probably more fully than any other American Psychologist) and is operating with the slogan of that discipline : Language is a system " (1960, p. 153).
Dès 1951, dans un admirable article (*The problem of serial order in behavior* dans L. A. Jeffress, *Cerebral Mechanisms in behavior*, Wiley, 1951, pp. 112-136), Lashley montrait l'impossibilité de réduire les structures syntaxiques à des chaînes associatives temporelles. Il mettait en lumière, d'autre part, la généralité du problème de la syntaxe et la nécessité d'un mécanisme anticipateur et régulateur central pour nombre de comportements moteurs, même les plus simples.
Plus récemment, un groupe de psychologues, familiarisés avec la linguistique, ont reconsidéré, avec des yeux neufs, le problème de l'apprentissage linguistique. Cf. l'ouvrage de R. W. Brown, *Words and things*, Glencoe Press, 1958; les contributions de Lenneberg, Miller, Brown-Bellugi, et Erwin dans E. H. *Lenneberg, New directions in the study of language*, MIT Press, 1964 et la notion d'*induction of latent structures* mise en avant par Brown et Bellugi (p. 151), enfin, et surtout l'ouvrage capital de Lenneberg, *Biological Foundations of Language*, Wiley, 1967.

Dès 1921, — en pleine période behavioriste — l'admirable linguiste et psychologue que fut Sapir avait rejeté ces vues simplistes, et proclamé l'originalité du langage en des termes qu'eût approuvés Saussure :

" Language is a purely human and non-instinctive method of communicating ideas, emotions and desires by means of a system of voluntarily produced symbols " [1].

Remarquable est d'ailleurs le nombre de points sur lesquels, hors de toute influence subie, le maître américain rejoint l'auteur du *Cours* [2].

[1] 1921, 1949², p. 8. Cf. l'article *Language* dans *Encyclopedia of the Social Sciences* (1933). — *Selected Writings*, 1951, pp. 7-32. — " The primary function of language is generaly said to be communication... The autistic speech of children seems to show that the purely communicative aspect of language has been exaggerated. It is best to admit that language is primarily a vocal actualisation of the tendency to see reality symbolically, that it is precisely this quality which renders it a fit instrument for communication, and that it is in the actual give and take of social intercourse that it has been complicated and refined in the form in which it is known to day " (p. 15).

[2] La distinction de la langue et de la parole est partout sous-jacente dans son œuvre et parfois explicite (pp. 11-12 et 22). De même l'idée de la langue, *système* de signes, celle du signe, unité à double face (pp. 11-12), celle du caractère arbitraire, conventionnel et social du signe (pp. 8 et 11-12), celle de la continuité du signe et du système, persistant malgré leur altération dans le temps sous le double effet des lois phonétiques et de l'analogie (Ch. VII et VIII), celle, enfin, d'une combinaison, en proportions variables, d'ordre et de désordre, dans les différents idiomes, « grammaticaux » à des degrés divers (pp. 37-38).

Comme Saussure, par ailleurs, mais avec bien plus d'acuité encore, Sapir a vu que le problème de la nature et de l'origine du langage n'est qu'un aspect du problème plus général qui concerne l'activité *symbolique* et il explique les naïvetés des psychologues de son temps par leur cécité devant ce problème (Cf. dans les *Selected Writings : Language* (1933), pp. 7-32, en particulier pp. 13-15; *The status of Linguistics as a science* (1929), pp. 160-166, en particulier pp. 163-164; *Symbolism* (1934), pp. 564-568). — Sapir oppose l'activité *fonctionnelle* (ex. ouvrir une porte) à l'activité *substitutive et symbolique* (frapper à la porte). Dans de tels signes ou symboles *primaires*, il existe une ressemblance objective entre la conduite originelle et ce qui la remplace. Cette ressemblance se perd dans les symboles ou signes *secondaires*, purement arbitraires, d'où est né le langage (pp. 163-164). Ailleurs, et plus tardivement, il oppose au symbole *référentiel* le symbole *par condensation*, chargé d'affectivité (on reconnaît là l'équivalent de la distinction saussurienne entre *signe* arbitraire et *symbole* motivé). Les premiers symboles référentiels (et parmi eux les termes du langage) ont pu naître de symboles par condensation, plus anciens, vidés de leur charge affective. Dans la suite, d'autres se constituent par représentation

Il existe, cependant, entre leurs conceptions et modes d'approche, des différences appréciables que nous retrouverons par la suite et évoquerons brièvement ici. Tout à sa définition du signe linguistique, Saussure s'interroge beaucoup moins sur la façon dont les signes s'organisent en phrases. Or, si le langage est *symbolique*, il est non moins essentiellement *syntaxique* et jumeleur de symboles. Sans doute, le *Cours* contient-il une théorie du *syntagme*, mais les exemples en sont repris le plus souvent à la morphologie (composés, dérivés, mots fléchis), la syntaxe des unités plus vastes étant peu scrutée, et la phrase elle-même renvoyée, ou peu s'en faut, à la parole.

La tendance de Saussure est, en effet, d'inventorier les *éléments* délimitables ou *entités concrètes* de la langue, en négligeant les *entités abstraites* ou processus divers qui peuvent les affecter. Dérivés, composés, mots fléchis seront, du double point de vue associatif et syntagmatique, analysés en leurs *constituants*, mais des *processus* systématiques de dérivation, composition et flexion qui leur ont donné naissance, il sera beaucoup moins question. De même, une valeur propre sera reconnue à l'ordre des mots, mais « si l'ordre des mots est incontestablement une entité abstraite, il n'en est pas moins vrai qu'elle ne doit son existence qu'aux unités concrètes qui la contiennent et qui courent sur une seule dimension. Ce serait une erreur de croire qu'il y a une syntaxe incorporelle en dehors de ces unités matérielles distribuées dans l'espace »[1].

Dès lors, définir la langue comme *système de signes* (et non simple *nomenclature*), cela revient à dire que ces signes se délimitent les uns les autres, nullement qu'ils s'organisent entre eux suivant certaines *règles*. Tout au plus, celles-ci se font-elles jour dans ce qui nous est dit de la *limitation de l'arbitraire* et *motivation relative*, par où la notion de système prend un sens nouveau, incluant

---

figurée de la chose à évoquer. A un stade plus sophistiqué, le *consensus* social suffit pour promulguer un signe.

[1] *Cours*, p. 191. Cf. p. 192, le refus de voir dans les types syntaxiques « des abstractions immatérielles planant au-dessus des termes de la phrase ».

l'idée d'ordre. Mais cet ordre, produit de l'analogie, n'est jamais que précaire et dérivé [1].

Tout autre est le point de vue de Sapir. Pour lui, le langage en général, et chaque langue en particulier, témoigne, au triple niveau phonémique, morphologique et syntaxique, d'une recherche instinctive de la *forme (instinctive feeling for form)*. Chaque idiome obéit secrètement à un plan de base *(basic plan, structural genius)* qui se marque dans la constellation de ses phonèmes, le choix de ses procédés grammaticaux, enfin son mode d'organisation syntaxique. D'où un nombre limité de types linguistiques, se retrouvant, pareils en profondeur, dans les langues les plus diverses par l'origine ou l'apparence [2].

De tels types ou plans de base se laissent plus facilement,

[1] Tout ceci supposerait une discussion approfondie que nous ne pouvons instituer ici. On en trouvera les éléments dans GODEL, *op. cit.*, pp. 83-84 (notion saussurienne des entités abstraites ou « procédés »); pp. 156-157 (deux conceptions de la description de la langue : comme *dictionnaire* ou *somme d'éléments*, et comme *grammaire*, ou *système de termes*); pp. 168-179 (syntagme et phrase); p. 186 (hésitation sur la notion de *grammaire* : description d'un état de langue et système de termes, sans distinction de lexicologie ou morphologie, ou description du relativement motivé, par opposition à la lexicologie, qui a pour domaine l'arbitraire); pp. 141 et 217 (entités concrètes et entités abstraites. « Ce domaine est des plus obscurs » dit Saussure); pp. 224-230 (les deux sens de *système* ou *organisme grammatical* : ensemble de termes se délimitant les uns les autres et tirant de l'ensemble leur valeur, ou bien : « Toute langue forme un corps et un système... C'est le côté par où elle n'est pas complètement arbitraire, où il lui faut reconnaître une raison relative » cité p. 227); pp. 250-251 (conclusion).

[2] Cf. *Language*, 1921, pp. 55-56 : la théorie d'un " ideal system of sounds ", sensible aux sujets parlants, pour peu qu'on les presse, et tendant à persister comme *pattern*, même si son contenu — les sons qui y prennent place — vient à se modifier; p. 56 : " both the phonetic and conceptual structures show the instinctive feeling of language for form "; p. 61 : la théorie d'un " definite feeling for patterning on the level of grammatical formation " se traduisant par une préférence systématique pour l'un ou l'autre des *processus* grammaticaux : composition, dérivation, flexion, etc.; p. 37 et 109 ss . : les types de phrases et de liaisons syntaxiques avec prédominance, soit de l'accord, soit de l'ordre des mots; pp. 120 ss. : la théorie des *types of linguistic structures* se retrouvant, en nombre limité, dans les langues, par ailleurs, les plus diverses : " These is such a thing as a basic plan, a certain cut, to each language. This type or plan or structural " genius " of the language is something much more fundamental, much more pervasive than any simple feature of it we can mention " (p. 120); p. 145 : fidélité des langues à ce qu'il y a de plus profond dans leur structure, leur *conceptual type*, c'est-à-dire leur type de liaison syntaxique : *pure relational* ou *concrete relational*.

pressentir que définir. Si leur reconstruction est la tâche du linguiste, c'est aux psychologues de l'avenir qu'il incombera de les *expliquer*, en cherchant dans les profondeurs du psychisme humain un attrait inconscient pour la *forme* [1].

Les mêmes facteurs *psychologiques* rendent compte de l'évolution linguistique [2]. Celle-ci avait été « vue et définie par Ferdinand de Saussure et par ses disciples comme la résultante d'accidents extérieurs que le système de chaque idiome subit sans jamais y participer activement » [3]. Et d'invoquer, suivant l'occasion, les facteurs raciaux, géographiques, historiques, le substrat, le bilinguisme, enfin des lois phonétiques, conçues comme purement physiologiques et aveugles. Pour Sapir, tout idiome évolue, sous l'effet de poussées internes, rigoureusement cohérentes, qui, parfois, exigent des millénaires pour atteindre leurs fins. Si des accidents surviennent de l'extérieur, le génie de

---

[1] *Op. cit.*, pp. 122, 144, 157 n. (" groping for abstract form, logical or esthetic ordering of experience ") et, dans les *Selected Writings*, une série de passages que nous retrouverons, et où il est question d'" inner structure of language in terms of unconscious psychic processes " (p. 152), d' " innate striving for formal elaboration and expression " (p. 156), d'" unconscious patterning of sets of related elements of experience " *(ibid.)*, enfin d'un " feeling for form " qui se manifeste non seulement dans le langage, mais en musique et en mathématiques (pp. 156 et 159). — On notera que Sapir, très au courant des théories psychanalytiques, avait profondément assimilé et repensé la notion d'inconscient (*Langu.*, p. 157 n.; 174; 185).

[2] Il est donc douteux que Sapir eût admis la séparation tranchée érigée par Saussure entre linguistique diachronique et synchronique, et moins encore la théorie suivant laquelle, en linguistique diachronique, des termes se substituent les uns aux autres *sans former système entre eux* (cf. *supra*, p. 33).

[3] M. Delbouille, *Réflexions sur la genèse phonétique des parlers romans.* — *Cahiers Ferdinand de Saussure*, 23, 1966 (pp. 17-31), p. 17. On trouvera dans cet article, sur le cas particulier des parlers romans, un excellent exposé des thèses actuellement en présence concernant la nature et les causes de l'évolution phonétique et linguistique. On se rendra compte, du même coup, que Sapir, dès 1921, a anticipé quelques-unes des plus modernes d'entre ces thèses, en particulier celles de la phonologie diachronique. Le résumé que Delbouille donne des idées de Martinet (pp. 18-19), résume non moins exactement Sapir : « Sans nier que des événements extérieurs divers puissent être souvent au départ des changements de prononciation, M. Martinet développe l'idée que le système phonologique de chaque langue participe *activement* à son évolution phonétique, tantôt en empêchant que s'instaure peu à peu dans la langue un désordre fatal, tantôt en lui procurant les moyens soit de réparer immédiatement les effets de l'action de facteurs externes, soit de prolonger ces effets pour en intégrer l'essentiel dans une organisation nouvelle ».

la langue a tôt fait de les compenser ou de les conformer à ses plans. Pas plus que les autres, les changements phonétiques n'échappent à ce contrôle [1].

Il n'y a, d'ailleurs, rien de mystique dans cette conception, et on ne sera pas dupe d'expressions qui paraissent réifier la langue, et lui prêter une existence, une volonté propres. La langue n'existe que dans les individus, mais des mille menues variations qui affectent leur parole, celles-là sont retenues et cumulées qui vont dans une direction précise [2]. Cette direction ne se révélera définitivement qu'après coup. Elle n'en est pas moins « préfigurée dans certaines tendances obscures du présent » [3]. Le paradoxe est qu'il faudra des dizaines de générations, se relayant les unes les autres, pour la mener à son terme. Ces

---

[1] *Op. cit.*, p. 122 : " back of the face of history are powerful drifts that move languages, like other social products, to balanced patterns, in other words, to types ". Cf. pp. 121-122; 144; 150; 155; 171. — On trouvera au ch. VII, pp. 147-170 un admirable exemple d'un tel *drift*, pris dans la morphologie et la syntaxe de l'anglais (élimination des cas; rôle des positions fixes dans la phrase; tendance aux mots indécomposables, qui rend possibles les emprunts au français, lors de la conquête normande, loin d'être causée du dehors par ceux-ci). Le ch. IX, pp. 192-206 discute le problème des emprunts lexicaux, morphologiques et phonétiques d'une langue à une autre, et conclut qu'ils ne sont accueillis qu'autant que l'*autonomous drift* de la langue recevante s'y prête : " Language is probably the most self-contained, the most massively resistant of all social phenomena. It is easier to kill it off, than to desintegrate its individual form " (p. 206).

Quant aux changements phonétiques, leur cause première — jusqu'à présent inconnue — est à chercher non dans la physiologie, mais *dans la psychologie*, et dans ces régions profondément enfouies du psychisme où se trouvent les *intuitional bases of speech* (p. 183). Ce qui est sûr, c'est qu'une fois l'un d'entre eux à l'œuvre, la langue s'arrange — il y faudra parfois des millénaires — pour rétablir par des changements parallèles le *pattern* phonétique compromis, non moins que pour procéder aux aménagements morphologiques souhaitables (analogie). Il existe, d'ailleurs, en retour une action de la morphologie sur la phonétique, celle-là favorisant, dans la sphère de celle-ci, les changements qui servent ses desseins. En conclusion : " both phonetic pattern and fundamental type are exceedingly conservative all superficial appearances to the contrary notwithstanding " (p. 177. — Voir sur les *lois phonétiques* tout le ch. VIII, pp. 171-191).

[2] Pp. 154-155. " The drift of a language is constituted by the unconscious selection on the part of its speakers of those individual variations that are cumulative in some special direction " (p. 155).

[3] P. 155. Cf. dans les pages qui suivent, l'admirable analyse d'une telle préfiguration concernant les tendances générales de l'anglais, dont il a été question à la note 1.

courants psychiques des profondeurs de la langue *(psychic undercurrents of language)* sont « excessivement difficiles à expliquer en termes de psychologie individuelle ». Leur mystère se confond avec celui des *bases intuitives* du langage dans l'inconscient [1].

On voit ainsi dans quelle large mesure Sapir dépasse ou complète Saussure. Inférieur à nul autre comme homme de science, le maître américain était, non moins profondément, on le sait, poète, musicien et artiste. Et peut-être est-ce sa nature d'artiste qui l'a tourné vers l'étude du langage et sensibilisé à ce que le langage contient de plus intime : une *forme* [2]. Cette vue n'a rien perdu de ses vertus, au contraire, voici qu'elle redevient des plus actuelles. S'il est vrai que la linguistique structurale du dernier demi-siècle prolonge Saussure, nous verrons que c'est d'un retour à Sapir que témoignent les récentes études de Chomsky sur la *syntaxe*.

De nos jours, c'est, à notre avis, Benveniste qui a poursuivi avec le plus de pénétration l'effort de pensée de ces deux maîtres, quoique sa dette envers Saussure soit plus immédiatement apparente :

« ... le langage représente la forme la plus haute d'une faculté qui est inhérente à la condition humaine, la faculté de *symboliser*. Entendons par-là très largement la faculté de représenter le réel par un « signe » et de comprendre le « signe » comme représentant le réel, donc d'établir un rapport de signification entre quelque chose et quelque chose d'autre » [3].

[1] Pp. 182-183.

[2] " To a certain type of mind, linguistics has that profoundly serene and satisfying quality which inheres in mathematics and in music and which may be described as the creation out of simple elements of a self-contained universe of forms. Linguistics has neither the sweep nor the instrumental power of mathematics, nor has it the universal aesthetic appeal of music. But under its crabbed technical appearance, that lies hidden the same classical spirit, the same freedom in restraint, which animates mathematics and music at their purest. This spirit is antagonistic to the romanticism which is rampant in America today and which debauches so much of our science with its frenetic desire " (*Select. Wr.*, p. 159).

[3] *Problèmes de linguistique générale*, Paris, 1966, p. 26, © GALLIMARD.

Cette faculté de symboliser est irréductible à la *signalisation* que connaît l'animal [1]. C'est elle qui fait du langage un instrument privilégié, tant de conceptualisation et catégorisation du réel, que de communication :

> « Le langage reproduit la réalité. Cela est à entendre de la manière la plus littérale : la réalité est produite à nouveau par le truchement du langage. Celui qui parle fait renaître par son discours, l'événement et son expérience de l'événement. Celui qui l'entend, saisit d'abord le discours et à travers le discours l'événement reproduit. Ainsi la situation inhérente à l'exercice du langage qui est celle de l'échange et du dialogue, confère à l'acte de discours une fonction double : pour le locuteur, il reproduit la réalité; pour l'auditeur, il recrée cette réalité. Cela fait du langage l'instrument même de la communication intersubjective » [2].

Enfin, langue, société et culture sont solidaires, les investigations et réflexions des années récentes donnant même à penser que « le caractère foncier de la langue, d'être composée de signes » pourrait bien devoir s'étendre à tous les faits de culture :

> « Comme toutes les pensées fécondes, la conception saussurienne de la langue portait des conséquences qu'on n'a pas aperçues tout de suite. Il est même une part de son

---

[1] « Un signal est un fait physique relié à un autre fait physique par un rapport naturel ou conventionnel : éclair annonçant l'orage; cloche annonçant le repas; cri annonçant le danger. L'animal perçoit le signal et il est capable d'y réagir adéquatement. On peut le dresser à identifier des signaux variés c'est-à-dire à relier deux sensations par la relation de signal. Les fameux réflexes conditionnés de Pavlov le montrent bien. L'homme aussi, en tant qu'animal, réagit à un signal. Mais il utilise, en outre, le *symbole*, qui est *institué* par l'homme; il faut apprendre le sens du symbole, il faut être capable de l'interpréter dans sa fonction signifiante et non plus seulement de le percevoir comme impression sensorielle, car le symbole n'a pas de relation naturelle avec ce qu'il symbolise. L'homme invente et comprend des symboles. L'animal, non. Tout découle de là. La méconnaissance de cette distinction entraîne toutes sortes de confusions et de faux problèmes. On dit souvent que l'animal dressé comprend la parole humaine. En réalité l'animal obéit à la parole, parce qu'il a été dressé à la reconnaître comme signal; mais il ne saura jamais l'interpréter comme symbole. Pour la même raison, l'animal *exprime* ses émotions, il ne peut les *dénommer*. On ne saurait trouver au langage un commencement ou une approximation dans les moyens d'expression employés chez les animaux. Entre la fonction sensori-motrice et la fonction représentative, il y a un seuil que l'humanité seule a franchi » (p. 27, © GALLIMARD).

[2] P. 25, © GALLIMARD.

enseignement qui est restée inerte et improductive pendant longtemps. C'est celle relative à la langue comme système de signes, et l'analyse du signe en signifiant et signifié. Il y avait là un principe nouveau, celui de l'unité à double face... Or nous voyons maintenant ce principe se propager hors des disciplines linguistiques et pénétrer dans les sciences de l'homme, qui prennent conscience de leur propre sémiotique »[1].

« Il nous semble qu'on devra établir une distinction fondamentale entre deux ordres de phénomènes : d'une part, les données physiques et biologiques qui offrent une nature « simple » (quelle que soit leur complexité), parce qu'elles tiennent entièrement dans le champ où elles se manifestent et que toutes leurs structures se forment et se diversifient à des niveaux successivement atteints dans l'ordre des mêmes relations; et, d'autre part, les phénomènes propres au milieu interhumain, qui ont cette caractéristique de ne pouvoir jamais être pris comme données simples ni de se définir dans l'ordre de leur propre nature, mais doivent toujours être reçus comme doubles, du fait qu'ils se relient à autre chose, quel que soit leur « référent ». Un fait de culture n'est jamais tel qu'en tant qu'il renvoie à quelque chose d'autre. Le jour où une science de la culture prendra forme, elle se fondera probablement sur ce caractère primordial, et elle élaborera ses dualités propres à partir du modèle qu'en a donné Saussure pour la langue, sans s'y conformer nécessairement. Aucune science n'échappera à cette réflexion sur son objet et sur sa place au sein d'une science générale de la culture, car l'homme ne naît pas dans la nature, mais dans la culture »[2].

Le danger serait cependant — se payant de mots plus qu'on ne saisit les choses — d'opérer, sous le couvert des vocables : *structure, signifiant, signifié*, etc., des assimilations superficielles, où se noieraient toutes différences. *Distinguer pour unir*, tel est le souci

---

[1] P. 43,© GALLIMARD.
[2] P. 44. Cf. aussi pp. 13 et 29-30. Même idée chez SAPIR, *The status of linguistics as a science* (1928) dans *Selected Writings* (1949, pp. 160-166) " ...Better than any other social science, linguistics shows by its data and methods, necessarily more easily defined than the data and methods of any other type of discipline dealing with socialized behavior, the possibility of a truly scientific theory of society, which does not ape the methods or attempt to adopt unrevised the concepts of the natural sciences " (p. 166).

constant de l'auteur du *Cours* et l'interprétation sémiologique qu'il propose du langage se double d'un sentiment aigu de sa spécificité [1]. A cet égard, le jargon pseudo-linguistique en honneur dans certains cercles d'anthropologues, de critiques littéraires et de psychanalystes ne peut qu'inspirer de la répulsion [2].

C'est encore Benveniste qui restaure ici la juste perspective saussurienne, lorsqu'il oppose aux langues humaines, systèmes de *signes* conventionnels, appris et diversifiés avec les cultures, les séquences de *symboles* motivés, universels et de syntaxe lâche que Freud a détectés dans le rêve, le mythe, le folklore, etc. et qui composent le pseudo-langage de l'inconscient [3].

[1] Cf. le texte manuscrit cité par GODEL, *op. cit.*, p. 52 : « M. Sechehaye, après avoir reproché à Wundt, avec raison, d'avoir méconnu le fait grammatical, arrive lui-même à ne pas s'en faire une idée suffisante. Car la seule idée suffisante serait de poser le fait grammatical en lui-même et dans ce qui le distingue de tout autre acte psychologique ou, en outre, logique. Plus l'auteur prend de peine à abattre ce qui lui semble une barrière illégitime entre la forme pensée et la pensée, plus il semble s'éloigner de son propre but, qui serait de fixer le champ de l'expression et d'en concevoir les lois, non dans ce qu'elles ont de commun avec notre psychisme en général, mais dans ce qu'elles ont au contraire de spécifique et d'absolument unique dans le phénomène de la langue » (1908).

[2] Comme échantillon de ce type de pensée — et de style ! — nous citerons la notice suivante où l'un des « trois promoteurs du mouvement structuraliste » (les autres étant Jakobson et Lévy-Strauss) présente lui-même son œuvre :

« Il faut avoir lu ce recueil, et dans son long, pour y sentir que s'y poursuit un seul débat, toujours le même, et qui, dût-il paraître dater, se reconnaît pour être le débat des lumières. C'est qu'il est un domaine où l'aurore même tarde : celui qui va d'un préjugé dont ne se débarrasse pas la psychopathologie, à la fausse évidence dont le moi se fait titre à parader de l'existence. L'obscur y passe pour objet et fleurit de l'obscurantisme qui y retrouve ses valeurs. Nulle surprise donc qu'on résiste là même à la découverte de Freud, terme qui se rallonge ici d'une amphibologie : la découverte de Freud par Jacques Lacan. Le lecteur apprendra ce qui s'y démontre : l'inconscient relève du logique pur, autrement dit du signifiant. L'épistémologie ici fera toujours défaut, si elle ne part d'une réforme, qui est subversion du sujet.

L'avènement ne peut s'en produire que réellement et à une place que tiennent présentement les psychanalystes.

C'est à transcrire cette subversion, du plus quotidien de leur expérience que Jacques Lacan s'emploie pour eux depuis quinze ans. La chose a trop d'intérêt pour tous, pour qu'elle ne fasse pas rumeur. C'est pour qu'elle ne vienne pas à être détournée par le commerce culturel que Jacques Lacan de ces écrits fait appel à l'attention. » (Éditions du Seuil.)

[3] Pp. 85-87. Cf. de même les remarques de F. PASCHE, (*A partir de Freud*, Payot, 1969) sur « le signifiant, ce terme saussurien que l'on dote, en dépit de son inventeur, d'une polyvalence, d'un protéisme et d'une énergie propre qui en font le maître mot de la psychanalyse » (p. 200).

CHAPITRE III

L'ANALYSE SEMIOTIQUE DE LA LANGUE

Dans le même temps où Saussure souhaitait l'avènement d'une *sémiologie* (ou, comme on dit maintenant, *sémiotique*), le philosophe C. S. Peirce tentait — après maints précurseurs — de fonder une *théorie des signes*, mais à la vérité dans une perspective plus logique et intemporelle que sociale [1].

[1] La *semeiosis* formait, à côté de la *diagnosis* et de la *prognosis*, l'une des trois divisions de la médecine grecque. Il s'agit donc là d'une *symptomatologie*.
On trouve des éléments d'une théorie des signes chez les Sophistes, Platon *(Cratyle)*, Aristote et surtout au sein des écoles de la fin de l'Antiquité, qui se divisaient entre elles sur la question : peut-il exister des signes du non-observable? Il est remarquable que les Stoïciens divisaient la philosophie en *physique, éthique* et *sémiotique*. On sait, d'autre part, qu'ils cherchaient l'origine du langage articulé (comme plus tard Herder) dans les onomatopées et l'imitation, tandis que les Épicuriens (et de même Rousseau) la trouvaient dans les interjections et sons naturels.
Les grammairiens et les nominalistes médiévaux (Pierre d'Espagne; Abélard; Ockham et l'école *terministe*) ne pouvaient manquer de porter une attention particulière au problème des signes (cf. la théorie de la supposition).
(suite de la note, p. 46)

Le même souci reparaît chez Ogden et Richards, dans *The meaning of meaning* (1923), et, avec plus d'ampleur, chez Ch. Morris, l'auteur souvent cité des *Foundations of a Theory of Signs* (1938) et de *Signs, Language and Behavior* (1946).

Il faut bien dire que la suffisance de ces ouvrages n'a d'égale que leur insuffisance. La notion saussurienne du signe, *réalité à double face*, s'y obscurcit totalement, quand elle n'est pas tournée en dérision. Pareillement, la distinction si importante entre signe et symbole [1]. Sous la rubrique générale de *signe* défilent les entités les plus diverses : signal, indice, symptôme, signe au sens strict,

---

Mais celui-ci a bénéficié aussi d'analyses très profondes au sein de l'école thomiste, ainsi qu'on l'a vu antérieurement.

A l'époque moderne, Leibniz rencontre les signes dans son projet de *caractéristique* universelle. Sur la théorie des *signes* chez Condillac, Rousseau, Herder, etc. on consultera le t. XXI (1967) de la *Revue Intern. de Philosophie* : « *La Philosophie du langage. Ses précurseurs au XVIIIe siècle* ».

Avec Peirce (voir les *Collected Papers*, II, Harv. U. P., 1932 et les résumés d'Ogden-Richards, 1923, pp. 279-290 et de Morris, 1946, pp. 287-291), la sémiotique, entendue en un sens plus strict, prend un départ décisif mais se perd, malheureusement en un inextricable fouillis de définitions et distinctions.

Une théorie de la signification (sinon une théorie générale des signes) se retrouve chez maints autres logiciens ou philosophes logiciens : Frege, Russell, Quine, Carnap, Wittgenstein (*Tractatus logico-philosophicus*, Londres, Paul, 1922), A. J. Ayer (*Language, Truth and Logic*, Londres, Golhanez, 1936), chez les philosophes analytiques de l'école d'Oxford (J. L. AUSTIN — cf. *La philosophie analytique*, Paris, Éd. Minuit, 1962), enfin — dans un contexte tout différent — chez Husserl.

[1] Cf. OGDEN-RICHARDS, *op. cit.*, p. 5 : La notion saussurienne de la langue " as a guiding principle for a young science is fantastic ". (!) " Moreover the same device of inventing verbal entities outside the range of possible investigation proved fatal to the theory of signs which followed ". " Another specimen of this naïveté is found in the rejection of the term " symbol " to designate the linguistic sign " *(ibid.)* alors que, nous assure-t-on, un *symbole* est justement un signe qui sert à la communication, par ex. un terme du langage. Par contre, " in the terminology of the present work, many of the analyst's symbols are, of course, signs only : they are not used for purposes of communication " (p. 23).

Cette laxité et cet arbitraire dans l'usage des termes *sign* et *symbol* se retrouvent chez la plupart des auteurs anglo-saxons (cf. plus haut Peirce, et l'appellation *symbolic logic* devenue malheureusement traditionnelle. Citons à ce propos la remarque incidente de Piaget, 1945, p. 179 : « ... le symbole mathématique, qui n'a rien d'un symbole dans la terminologie que nous faisons nôtre ici »).

On notera que — chez Ogden-Richards — Boas, Sapir (et combien d'autres) ne sont pas mieux traités que Saussure (pp. 7-8).

terme du langage, et toutes pâtissent de la même interprétation simpliste et pseudo-behavioriste en termes de liaison associative, conditionnement et expectation [1].

Nous retiendrons, cependant, à l'actif de Morris, la définition du triple point de vue d'où étudier un langage ou système de signes, et à quoi correspondent trois provinces distinctes de la sémiotique : *pragmatique, sémantique, syntaxique*.

La pragmatique étudie les relations entre signes ou combinaisons de signes (expressions) et les sujets parlants, dans leur situation historique, sociologique et psychologique concrète. La sémantique s'intéresse aux relations entre signifiant et signifié. La syntaxe, enfin, spécifie les règles de formation des expressions, grâce auxquelles il peut être décidé, par exemple, si telle phrase, même supposée non comprise, constitue une phrase correcte du français.

On sait l'importance qu'ont prise les notions de *sémantique* et de *syntaxe* chez des logiciens comme Carnap et Tarski. Au rebours des langues naturelles, produits historiques qui ne peuvent s'étudier qu'a posteriori, le logicien ou le mathématicien se créent un langage artificiel, composé de signes originaux, dont la manipulation et l'agencement obéissent à des règles définies, énoncées dans un métalangage (éventuellement, la langue naturelle). Règles *syntaxiques*, d'une part (formation et transformation des expressions), *sémantiques* de l'autre (désignation). Un système ou calcul qui n'est que *syntaxique* reste purement formel. Il enchaîne des signes — pensés, quoi qu'on en ait dit, comme *signes*, c'est-à-dire comme réalités à double face — il forme des expressions, mais sans indiquer en aucune façon quels sont les signifiés. Moyennant l'adjonction de règles sémantiques, ceux-ci se précisent, et le système ou calcul, de formel qu'il était, devient

---

[1] La même remarque vaut pour les travaux de Osgood (1952, 1957 et le résumé inséré dans Greenberg, 1963, pp. 242 ss.) dont les soi-disant tentatives de mesure et quantification de la signification ne portent en réalité que sur l'*affective meaning* ou retentissement émotif provoqué par des mots-stimuli, c'est-à-dire, comme le montre admirablement Sørensen (1958, pp. 37-42) sur tout autre chose que la signification proprement dite.

interprété. Le sujet parlant s'effaçant ici, il n'y a pas de place pour une *pragmatique* [1].

Tout différent est le cas d'individus communiquant entre eux par le secours d'une langue naturelle. Leur discours peut transmettre des informations. Bien plus souvent exprime-t-il des états d'âme ou commande-t-il des actions. Contre une vue trop intellectualiste du langage, support d'idéation et de raisonnement, Ogden-Richards avaient souligné son double aspect cognitif et émotif, et Morris sa triple fonction : *informative, valuative* et *incitive*. Informations et incitations prennent, d'ailleurs, mille formes variables, reflets du psychisme des locuteurs. A leur analyse se voue la *stylistique* moderne, héritière de l'ancienne *rhétorique*, toutes deux secteurs marquants de la pragmatique [2].

Il existe, comme le montre très bien Guiraud, une *stylistique de l'expression* et une *stylistique de l'individu*, dont la distinction correspond assez exactement à celle de la *langue* et de la *parole*.

La première, qui a pour initiateur Ch. Bally (1902 ss.), élève de Saussure, et pour sectateurs, à des titres divers : Marouzeau, Cressot, Brunot, Damourette et Pichon, Van Ginneken, Jousse, etc. étudie les valeurs extra-notionnelles, soit *expressives*, soit *impressives*, des variantes de toutes sortes : phonologiques, morphologiques, syntaxiques, lexico-sémantiques, qu'offre la *langue*, et qui permettent aux locuteurs, tant d'*exprimer* ingénument leurs affects que d'*impressionner* délibérément les auditeurs. On distingue ici des effets *naturels*, fondés sur la similitude (ex. un diminutif exprimant la gentillesse), et des effets *par évocation*, fondés sur la contiguïté (ex. un mot vulgaire, évoquant les gens qui l'emploient). Une telle stylistique est essentiellement descriptive et linguistique.

---

[1] Cf. R. CARNAP, *Introduction to symbolic logic and its applications*, Dover publ., New-York, 1958, pp. 78-80 et 101-102, et pour un exposé plus approfondi : *Logical syntax of Language*, Londres - New York, 1937 et *Introduction to Semantics*, Cambridge, Mass., 1942.

[2] T. A. SEBEOK, *Style in language*, M.I.T. Press, 1960 et P. GUIRAUD, *La stylistique*, P.U.F., 1963.

Rien n'empêchera, d'ailleurs, de passer de la langue sous son aspect le plus général, à la langue d'une époque, d'un milieu, d'un genre littéraire, voire d'un auteur ou d'un ouvrage individuel, et l'on sait la riche floraison d'études qui ont paru dans cette perspective, au cours des trente dernières années [1].

On se rapproche, cependant, ainsi d'une seconde stylistique, non plus descriptive et linguistique, mais génétique et psychologique, qui s'intéresse avant tout aux individus et aux faits de parole, et cherche comment la personnalité empirique ou idéale d'un auteur (ou d'un groupe), sa vision particulière du monde, s'exprime dans le choix de ses vocables et de ses images, le tour et le rythme de ses phrases, les thèmes et sujets traités, la structure et la composition des œuvres, etc., le tout faisant corps. Issue de l'idéalisme allemand, et répandue surtout à l'étranger sous le nom de *Literary Stylistics* ou *Stylistic Criticism*, elle a pour initiateurs ou sectateurs : K. Vossler, L. Spitzer, D. et A. Alonso, T. Spoerri, H. Hatzfeld, etc. Mais c'est dans la même ligne que s'inscrivent en France Bachelard, les promoteurs de la *nouvelle critique*, enfin, bien avant eux, et avec autrement de profondeur, Marcel Proust [2].

On peut étudier, du même point de vue, la mentalité d'une société, d'une époque, d'un milieu, etc., le style se marquant alors, non seulement dans la langue (ou plus exactement dans la parole), mais dans les arts, le décor, la façon de vivre, etc.

On voit que, dans la mesure où elle s'applique à la littérature, cette seconde stylistique, théorie de l'expression de la personnalité, ressortit moins à la linguistique qu'à la critique littéraire et explication de textes, qu'elle contribue à rénover.

[1] Un exemple éminent parmi quantité d'autres possibles : J. Mourot, *Chateaubriand - Rythme et sonorité dans les Mémoires d'Outre-tombe*, Paris, Colin, 1960.

[2] Cf. le *Contre Sainte-Beuve*, l'article magistral sur Flaubert dans les *Chroniques* (usage de l'imparfait, de la conjonction *et* en tête de phrase, etc.) et, dans *A la recherche...*, les commentaires du narrateur à Albertine sur le thème de la tour et l'obsession de l'altitude chez Stendhal. — Avant Proust, il faudrait, d'ailleurs, interroger Ruskin, dont on sait à quel point l'auteur de la *Recherche* était nourri.

Les langues naturelles s'analysent, par ailleurs, comme les symbolismes mathématique et logique, au double point de vue de leur structure *syntaxique* et de leur teneur *sémantique*.

Un message verbal présente d'ordinaire ces deux aspects, mais il peut occasionnellement les dissocier. L'étranger, qui voyage en pays francophone, arrive à se faire comprendre en cherchant dans un dictionnaire de poche les quelques mots utiles à son dessein. Riches de contenu sémantique, ses propos manquent de toute syntaxe, et s'il profère des mots français en leur donnant leur sens, nous ne dirons pas, cependant, qu'il *parle le français*.

Inversement, une séquence telle que :

La subtile armoire danse au ras des poissons

inintelligible à qui n'est pas poète surréaliste, sera jugée par tous syntaxiquement correcte. Quoiqu'elle ne veuille rien dire, il s'agit bien d'une *phrase française*.

Dans une phrase dépourvue de sens, voire faite de mots fictifs, mais grammaticalement normale, comme les strophes bien connues de Jabberwocky [1], l'auditeur ou le lecteur perçoit une *structure*, et c'est dans de telles structures *préalables* que se coule ordinairement le sens. On voit ici qu'elles peuvent exister et ressortir en quelque sorte à l'état pur, exactement comme les structures formelles de la logique. L'observation est d'importance pour une saine compréhension de l'apprentissage linguistique. Apprendre une langue, c'est sans doute acquérir un minimum de vocabulaire, mais c'est bien plus essentiellement assimiler les structures caractéristiques, autrement dit la syntaxe de cette langue. Dans la suite, toute idée à exprimer fera choix d'un schéma

---

[1] Citons :
'*t was* brillig *and the* slithy toves
did gyre *and* gimble *in the* wabe;
All mimsy *were the* borogoves
and the mome raths outgrabe

On lira le commentaire pénétrant proposé par Hockett (1958), pp. 262 ss. — Les parties du texte soulignées par nous correspondent aux *constantes*, et les autres aux *variables* de la logique.

grammatical préalable. Inversement, tout propos entendu ne sera interprété qu'au travers du même schéma. Il résulte de cela que, dans l'analyse sémiotique de la langue, l'étude de la syntaxe, comme *structure formelle*, précède obligatoirement celle du sens.

Ce qui distingue les langues humaines, c'est l'extraordinaire variété et complexité des moyens qu'elles mettent en œuvre pour combiner les signes en expressions, et les mots en phrases. Un examen superficiel peut donner l'illusion que les mots se lient les uns aux autres suivant une séquence linéaire, comme c'est le cas dans le langage pictographique et gestuel. Et c'est à vrai dire une conception de ce genre que suggère Saussure dans sa définition d'un double axe du langage, l'axe paradigmatique commandant le choix des signes suivant l'idée à exprimer, et l'axe syntagmatique leur ordre et succession temporelle.

Les structuralistes — Tesnière, en France, l'école de Bloomfield en Amérique — ont montré qu'en réalité, un énoncé élémentaire tel que :

L'homme qui attendait le train, se rendait à Bruxelles

contient, sous l'apparence *linéaire* concrète, une *hiérarchie* abstraite de constructions et sous-constructions que les procédés conjoints de *segmentation* et *substitution* mettraient tout de suite en lumière :

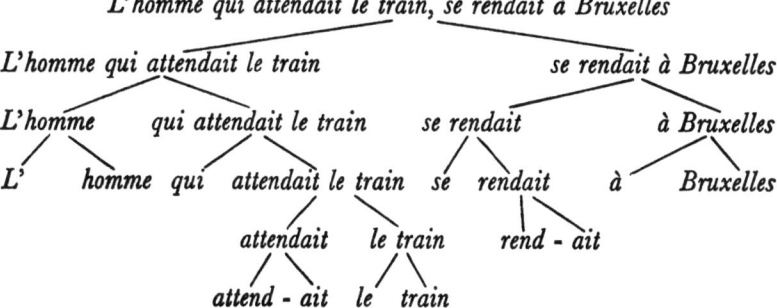

Tel est le ressort secret de la communication linguistique : « parler une langue, c'est en transformer l'ordre structural en ordre linéaire; comprendre une langue, c'est en transformer l'ordre linéaire en ordre structural » [1].

Comment les langues humaines permettent-elles cette conversion? C'est ce qu'une analyse de la phrase en ses constituants, tant abstraits que concrets, rendra sensible.

* * *

Poussée aussi loin qu'il est possible, cette analyse s'arrête à des éléments phoniques et sonores — les *phones* : consonnes et voyelles — produits par les organes articulatoires (larynx et cordes vocales, nez, langue, palais, dents et lèvres) et enregistrés par l'ouïe. Deux disciplines, extérieures à la linguistique, s'occupent de les caractériser. Ce sont la *phonétique articulatoire*, partie de la physiologie, et la *phonétique acoustique*, partie de la physique.

Des sons ou phones intervenant dans la *parole*, il est cependant essentiel de distinguer les *phonèmes* qui, eux, appartiennent à la *langue* (Troubetskoy).

Le phonème se définit par un ensemble de *traits distinctifs* dont chacun l'oppose à d'autres au sein du même idiome (par exemple, en français, |b| par la sonorité, l'occlusion, la labialité et non-nasalité qui l'opposent respectivement à p; v; d et g; m). Ces traits respectés, il importe peu que les réalisations sonores du

---

[1] L. Tesnière, *Eléments de syntaxe structurale*, Paris, Klincksieck, 1959, 1965², p. 19. — Un psychophysiologiste de génie avait pris conscience du problème ici impliqué, c'est K. S. Lashley dans *Serial order in behavior* (dans L. A. Jeffress, *Cerebral Mechanisms in Behavior*, Wiley, 1951, pp. 112-136), lequel montre par ailleurs l'importance et la généralité de l'ordre syntaxique, même dans les mouvements les plus simples, ainsi que — pour l'assurer — la nécessité d'un mécanisme régulateur central, anticipant, dès le début d'exécution d'une séquence, sur son déroulement d'ensemble et sa fin.
Sur l'application de cette thèse au langage et aux phrases, cf. E. H. Lenneberg, *Biological Foundations of Language*, Wiley, 1967, pp. 12-15; 98-120. L'ordre des contractions musculaires dans la phrase proférée dépend de l'ordre des phonèmes, celui-ci de l'ordre des morphèmes, l'ordre des morphèmes de l'ordre des constituants au niveau supérieur (par ex. sujet-prédicat) et ce dernier du plan de la phrase qui, dans la conception, précède et domine tout le reste (p. 107).
Le même auteur explique tous les types d'aphasie comme " disorders of timing mechanisms " (pp. 218-219).

phonème, c'est-à-dire les phones, diffèrent sous d'autres rapports, d'un locuteur, d'une émission ou d'un contexte à l'autre. Par exemple, le k de *kimono* n'est pas phonétiquement celui de *koran*. Il s'agit, cependant, du même phonème, la différence d'articulation n'étant pas retenue en français comme trait distinctif. Elle l'est en arabe où les deux k susdits correspondent à des phonèmes (et graphies) distincts. Ainsi donc, conformément aux vues saussuriennes, les phonèmes caractéristiques d'une langue s'organisent en système, et ne peuvent être définis que *négativement*, dans leur opposition à d'autres au sein du dit système.

L'inventaire des phonèmes retenus par une langue donnée (de 13 en hawaïen à quelque 70 dans telle langue du Caucase), de leurs allophones, de leur ordonnance systématique, de leurs combinaisons possibles et séquences en syllabes et mots, constitue la phonologie de cette langue. Si la phonétique relève, comme nous l'avons vu, de la physiologie ou de la physique, la phonologie, elle, intéresse directement la linguistique, voire la psychologie, Sapir ayant mis hors de conteste, dans un article célèbre, la *réalité psychologique des phonèmes* [1]. Il faut voir en ceux-ci, non point des abstractions de la théorie linguistique, mais des réalités immédiatement sensibles aux sujets parlants. Le psychologue comprend, d'ailleurs, tout de suite que le couple *phone-phonème* n'est qu'un cas particulier du couple plus général : *sensation-perception* [2].

Les phonèmes, de soi non signifiants, s'organisent en *morphèmes*, unités signifiantes minimales, dont les combinaisons relèvent de la *grammaire*, subdivisée elle-même en *morphologie* et *syntaxe*. Telle est, du moins, la vue traditionnelle, la linguistique structurale tendant à identifier grammaire et syntaxe, et à traiter

---

[1] Repris dans les *Selected Writings*, pp. 46-61 (1933). On trouvera un excellent exposé de la phonologie dans JAKOBSON, 1958, 1re partie, repris et traduit dans *Essais de Linguistique Générale*, 1963, pp. 103-149 : *Phonétique et Phonologie*.

[2] ou, comme dit Sapir, " a special illustration of the necessity of getting behind the sense data of any type of expression in order to grasp the intuitively felt and communicated forms which alone give significance to that expression " (p. 45); cf. aussi *Language*, 1921, pp. 55-56.

la morphologie comme un secteur de cette dernière. On va voir où est le problème.

Un morphème peut constituer à lui seul ce que la conscience linguistique populaire considère comme un *mot*. C'est la règle dans les langues *isolantes* ou « *ultralexicologiques* » comme le chinois, qui ne comportent qu'une lexicologie et une syntaxe, à l'exclusion de toute morphologie, et s'inscrivent en parallèle avec la langue du logicien.

Plus souvent, au moins dans les langues « ultragrammaticales », le mot comprend deux ou plusieurs morphèmes, dont la combinaison engendre un *composé* (racine + racine : ex. *vide-poche*), un *dérivé* (ex. *pomm-ier*) ou enfin un *mot fléchi* (ex. je *chant-ais*). Dans ces deux derniers cas, à la *racine* lexicale *(pomm-, chant-)* s'adjoint un *affixe (préfixe, infixe, suffixe)*, soit *dérivationnel (-ier)*, soit *flexionnel (-ais* : « *désinence* »*)*. Dans des langues comme le grec, un premier suffixe « *thématique* » s'ajoute à la racine pour constituer un *radical* ou *thème*, sujet lui-même à dérivation ou flexion (cf. θερμ-ό-ς). Suffixes et désinences peuvent, d'ailleurs, dans des cas déterminés se réduire à rien, et être, comme on dit, « de degré zéro ». L'un des traits du français est que, contrairement à ce qui se passe en allemand, en grec, et plus nettement encore dans les langues sémitiques, le sentiment de la racine y est très peu marqué.

De même que les phonèmes comportent des *allophones*, les morphèmes peuvent se différencier en *allomorphes*, de rôle pareil et de distribution complémentaire. Il s'agit là d'alternances *morphophonémiques*, commandées par des facteurs phonologiques (cf. angl. *cow-s, box-es*) ou morphologiques *(box-es, ox-en;* fr. *all-ons, ir-ons)*.

Si *composition* et *affixation* sont les procédés morphologiques les plus usités, le second triomphant dans les langues sans doute les plus répandues : les langues agglutinantes [1], racines, thèmes et

---

[1] Ce sont « celles dans lesquelles le mot peut être adéquatement analysé en une somme mécanique d'éléments, dont chacun a une signification plus ou moins clairement établie et dont chacun est employé régulièrement dans

mots peuvent subir en outre des élaborations d'un ordre plus complexe.

Plutôt que de juxtaposer purement et simplement thème et affixes multiples, les langues dites *flexionnelles* les *fusionnent* intimement, au point qu'il devient difficile de les isoler. Elles renoncent, d'autre part, à cette correspondance univoque entre affixes et concepts définis, qui est l'un des caractères des langues agglutinantes (que l'on songe à la variété des marques du pluriel pour noms et verbes en latin).

Enfin, beaucoup d'entre elles font place à des modifications internes du radical, telles que : alternances vocaliques (cf. angl. *sing, sang, sung, song*), consonantiques (angl. *house, to house*), redoublements, changements de quantité, intensité ou ton des voyelles (angl. *présent, to presént*). On sait, notamment, quelle importance revêtent les alternances vocaliques dans les langues sémitiques, fondées sur des racines de trois consonnes, entre lesquelles s'insèrent, suivant les nuances à exprimer, des constellations de voyelles variées (cf. arab. : *kataba*, il écrivit, *kutiba*, il fut écrit, *kātib(un)*, écrivant, *maktūb(un)*, écrit, etc.) [1]. On devine que l'analyse en morphèmes se heurte ici à des difficultés que ne soulevaient en aucune manière les langues simplement agglutinantes [2].

tous les mots dans lesquels intervient la notion correspondante » (SAPIR *Language* (1933) dans *Selected Writings*, 1951, p. 19). L'exemple classique est celui du turc qui ajoute à la racine verbale, dans un ordre défini, une série de suffixes indiquant la voix, le mode, l'aspect, le temps, la personne, etc. Exemple (repris à GLEASON, 1961, p. 114) : *kir* (briser) - *il* (passif) - *ma* (nég.) - *di* (passé) - *lar* (3ᵉ pers. plur.) - *mi* (interr.)
« ne furent-ils pas brisés »

[1] Sur tout ceci, voir SAPIR, *loc. cit.* et *Language*, 1921, ch. IV (" *grammatical processes* "). Sapir appelle ce procédé « symbolisation » et « symboliques » les langues qui y recourent. Il s'explique, à ce sujet, *op. cit.*, p. 126, en note. La *symbolisation* s'inscrit alors en parallèle avec l'*isolation*, l'*agglutination* et la *fusion*.

[2] Cf. HOCKETT, 1958, pp. 271 ss. et GLEASON, 1961, pp. 72-74, 90, 215, tous deux très discrets sur ce point. Il faudra faire place à des morphèmes *suprasegmentaires* (ton, accent), à des morphèmes *discontinus* (arabe : K-t-b), ou à des allomorphes discontinus de morphèmes continus (angl. *sell/s-l* dans *sold*), dans lesquels viennent s'insérer des constellations d'affixes (ex. les voyelles

On voit, dès lors, en quoi s'opposent *morphologie* et *syntaxe*. Toutes deux traitent des combinaisons de morphèmes ou *constructions*, mais « la grammaire comprendra deux subdivisions justifiées, quoique non délimitables avec précision : la *morphologie*, description des combinaisons plus intimes de morphèmes en ce que l'on nomme familièrement « les mots », et la *syntaxe*, description des combinaisons plus larges qui prennent pour unités de base les combinaisons décrites par la morphologie » [1]. Ce qu'une langue exprime par des moyens morphologiques, peut d'ailleurs être rendu dans une autre par des procédés syntaxiques (cf. *ager Petri, le champ de Pierre*), et c'est justement sur ce point que s'opposent les langues *analytiques, synthétiques* et *polysynthétiques* (d'un pôle à l'autre : le chinois, le français, le grec ou l'arabe, l'algonquin). Morphologie et syntaxe s'y développent en proportions inverses et complémentaires. Le mot, entièrement subordonné à la phrase dans les premières, tend, à mesure qu'il accumule les morphèmes dans les secondes, à imposer son statut par ses seules ressources jusqu'à constituer à lui seul une phrase complète (cf. latin : *amat* et les mots-phrases kilométriques des langues amérindiennes) [2]. Il est, d'ailleurs, plausible d'interpréter beaucoup de ces *mots-phrases* ou *portions de phrases* comme séquences solidifiées d'éléments originellement indépendants et juxtaposés [3].

---

du sémitique, " some king of affixes " (Gleason); les *o-d* de *sold*, infixe + suffixe, allomorphe du morphème *-ed*, caractéristique du passé (Hockett)).
    Ou encore, on définira le *ou* et le *a* de *found* et *sang* comme des *replacives* du *i* originel, *replacives* en alternance morphophonémique avec le *-ed* habituel (Gleason).

[1] GLEASON, 1965, pp. 57-58.

[2] On en trouvera divers exemples chez SAPIR, 1921, par ex., (p. 30), le mot paiute (nominatif) :
    wü-to-kuchum-punku-rügani-yugwi-va-ntü-m(ü)

    « ceux qui vont s'asseoir et dépecer avec un couteau une vache noire » ou dans l'ordre de l'original :
    couteau-noir-buffle-domestiqué-dépecer-asseoir (plur.)-futur-participe-animé plur.

[3] Cf. là-dessus SAPIR, 1921, pp. 109-114 et 127-128, et — en sens contraire — JESPERSEN, 1922, ch. XIX, pp. 367-395, lequel, refusant toute portée générale au processus de *coalescence*, met en lumière un procédé exactement con-

Une question vient ici à l'esprit : mise à part l'écriture et ses découpages (d'ailleurs, en général, non arbitraires), qu'est-ce qui, devant plusieurs morphèmes juxtaposés, permet de décider ou non qu'il s'agit d'un seul mot? Cela revient à chercher la définition de cette entité.

Avant de répondre, on notera qu'elle constitue comme le phonème, une *donnée immédiate de la conscience linguistique*, les racines, affixes, etc. n'apparaissant pleinement qu'à l'analyse réflexive. Des hésitations peuvent, certes, se faire jour dans des cas marginaux (ex. : *trente-huit*, où l'écriture a adopté la solution moyenne du trait d'union). Mais, en général, et de quelque langue qu'il s'agisse, le sujet qui la parle n'a nulle peine à séparer les mots. Comment expliquer des réactions si sûres? Les définitions de Sapir et de Bloomfield, l'une sémantique *(the smallest completely satisfying bit of isolated meaning)*, l'autre formelle *(minimum free form)* en donnent, au fond, une seule et même raison [1]. Quoiqu'il contienne plusieurs morphèmes qui fassent sens, il est impossible de couper le mot *anti-constitu-tion-(n)el-(l)ement* en deux ou plusieurs portions pouvant apparaître seules et se soutenir elles-mêmes. Un signe universel de l'unité du mot consiste d'ailleurs — si long qu'il puisse être — dans l'unique accent principal dont il est affecté.

Les mots, ou, ce qui revient au même, les thèmes ou radicaux qu'ils contiennent, se rangent en *classes grammaticales* ou *parties du discours*, en français : noms, pronoms, articles, adjectifs, verbes, adverbes, prépositions, conjonctions. La tentation est grande de

---

traire de *partition* et *transposition analogique* (ex. *lait-ier*, décomposé en *lai-tier*, d'où *bijou-tier, café-tier*, etc.). Un phénomène du même ordre expliquerait nombre de désinences flexionnelles, quoique d'autres — telles que *finir-ai* — puissent résulter d'une coalescence.

[1] Cf. sur le mot, Sapir, 1921, pp. 32-35 (définition p. 34 et pour l'application de celle-ci au mot paiute cité plus haut en note, pp. 30-32); Bloomfield, *A set of postulates...*, dans Saporta, 1961, pp. 26-33; Hockett, 1958, pp. 166-176.

Bloomfield définit le morphème comme *forme minimale signifiante* et distingue parmi les morphèmes des *free forms* pouvant apparaître seules et des *bound forms* ou *formatives* nécessairement conjointes à d'autres. De là résulte la définition du mot : *minimum free form*.

les caractériser par leur *sens*, le nom désignant des personnes ou objets, l'*adjectif* des propriétés, le verbe des actions, etc. Il est trop facile de trouver des exceptions à ces généralisations sémantiques (ex. justice, nom de propriété; course, nom d'action), ce qui force à revenir à des critères intragrammaticaux, la question de la signification étant réservée. Les membres d'une même classe se reconnaissent alors à leur distribution possible, c'est-à-dire à la somme des contextes où ils peuvent intervenir, opposés à ceux où ils sont impossibles.

Les classes *syntaxiques* n'ont pas d'autre définition (cf. les prépositions et conjonctions).

Les classes *paradigmatiques* se caractérisent, en outre, par des *flexions* qui leur sont propres, et par des *paradigmes* de formes étroitement apparentées (*noms* : animal, animaux; *adjectifs* : bon, bons, bonne, bonnes; angl. small, smaller, smallest; *pronoms* : je, me, moi; *verbes* : cf. toute la conjugaison). Ces flexions correspondent, suivant les langues et parties du discours considérées, à une extrême variété de *catégories grammaticales* : genre, nombre, cas, degrés de comparaison, personne, temps, aspect, mode, voix. On parle de catégories au sens *générique* (par ex. le genre) ou au sens *spécifique* (ex. le masculin, le féminin, l'animé, l'inanimé).

De même que les morphèmes s'organisent en mots, les mots s'organisent en *syntagmes* et en *phrases*, chaînes linéaires dont la *structure*, cependant, n'est pas linéaire, mais, comme on l'a vu, faite de *constructions* s'étageant en profondeur.

Chaque langue a ses *constructions* propres et ses classes de *constituants* susceptibles d'y prendre place à telle ou telle *position*. Quelques types généraux peuvent cependant être dégagés [1]. On distinguera :

---

[1] La classification qui suit est celle de HOCKETT, 1958, pp. 183 ss. On trouve, chez d'autres auteurs, sous une terminologie différente, des conceptions comparables. JESPERSEN, 1924, oppose la *jonction* au *nexus* (sujet-prédicat ou sujet-verbe). À la *coordination, subordination et construction exocentrique* de Hockett,

A. Des constructions endocentriques substituables, dans un contexte donné, à l'un et à l'autre de leurs constituants *(coordination)* ou à l'un seulement de ceux-ci *(subordination)* :

1. COORDONNÉES :

> *additives : jeunes et vieux*
> *alternatives : jeunes ou vieux*
> *appositives : reine-mère.*

2. SUBORDONNÉES OU ATTRIBUTIVES, et jumelant un *élément principal* avec un *attribut* :

> *un fruit savoureux*
> *le roi de France*
> *le bibelot sur la table*
> *hostile à Pierre*
> *il écrit brillamment*
> *il vit à la campagne*
> *il viendra s'il peut.*

Ces constructions peuvent se superposer récursivement, sans autre limite que les capacités d'appréhension des locuteurs :

> *le bibelot sur la table du salon*

B. Des constructions exocentriques, non substituables dans un contexte donné ni à l'un ni à l'autre de leurs constituants :

1. DIRECTIVES :

faites d'un élément *recteur* et d'un élément *régi* :

conjonctives (particule + proposition) : *quand il vient*
prépositionnelles (particule + objet) : *sur la table*
objectives (verbe + objet) : *il sème le blé*

correspondent la *constellation, détermination et interdépendance* de Hjelmslev, la *parataxis, hypotaxis* et *cataxis* de Sørensen, etc. Pour un traitement approfondi et rigoureusement formel du sujet, on consultera Sørensen, 1959, pp. 59 ss.

2. CONNECTIVES :

faites d'un *connecteur* et d'un *attribut prédicat* :
>il *est jeune*
>il *devient vieux*

3. PRÉDICATIVES :

faites d'un *sujet* et d'un *prédicat* :

sujet + *verbe intransitif : le vent souffle*
sujet + [*verbe transitif* + *objet*] (*construction objective*) : *Pierre sème le blé*
sujet + [*connecteur* + *attribut*] (*construction connective*) : *Pierre est jeune*.

Ces dernières donnent naissance aux *propositions* et aux *phrases*, éléments constituants du *discours*, et qui, d'un point de vue *formel*, se distinguent des autres constructions par le fait qu'elles se suffisent à elles-mêmes et n'entrent pas dans des constructions plus vastes [1]. Les propositions élémentaires peuvent, certes, se coordonner ou se subordonner entre elles et s'organiser en phrases complexes, celles-ci revêtant mille formes diverses suivant les langues, les discours, les locuteurs. Dans ces propositions mêmes, le sujet et le prédicat peuvent se ramifier en constructions hiérarchiques et se charger d'éléments attributifs. Mais le groupe *sujet-prédicat* suffit à constituer une *phrase* et dans toutes les langues, il existe des phrases élémentaires de deux types [2] :

1. *sujet-prédicat* ou *sujet-verbe* (*actor-action construction* de Bloomfield, qui ne laisse pas d'introduire ici des critères sémantiques, d'ailleurs non généralisables) :

>*Pierre court*
>*Pierre est adroit*

---

[1] Définition de Meillet, *Intr. à l'étude comp. des l. indo-européennes*, 1912, p. 339, reprise par Bloomfield, *A set of postulates...* dans Saporta, 1961, p. 29; Hockett, 1958, p. 207; Benveniste, 1966, p. 128.

[2] *The problem of universals of language* (Hockett, dans Greenberg, 1963, pp. 1-22, cf. p. 18) : dualité universelle des phrases avec *one referent* et *two referent predicators*.

2. *sujet-verbe-objet* (*actor-acting-on-goal construction* de Bloomfield, même remarque) :

Pierre frappe Paul.

Les classes grammaticales ou parties du discours se caractérisent, nous l'avons dit — hors le cas de la flexion — par leur comportement syntaxique, en d'autres termes, par la *position* qu'elles occupent et la *fonction* qu'elles remplissent dans les diverses *constructions*. Ainsi le nom en français peut-il intervenir comme sujet d'un attribut, sujet ou objet d'un verbe, objet d'une préposition. Le verbe, au moins le verbe fini *(finite verb)*, a beaucoup moins de possibilités et se présente normalement à la place du prédicat. Aussi parle-t-on assez indifféremment de construction *sujet-prédicat* ou *sujet-verbe*, voire *groupe nominal-groupe verbal*. En rigueur de termes, on distinguera, cependant, *nom, verbe*, etc. qui désignent des parties du discours, et *sujet, prédicat, objet* qui renvoient à des positions ou fonctions au sein d'une construction, quoique les parties du discours se définissent, en fin de compte, par la somme de leurs fonctions possibles [1].

* * *

Qu'est-ce, maintenant, qui dans un énoncé modérément complexe, comme ceux des pages 50-51 (y compris les strophes fictives de Jabberwocky), permet d'identifier les constructions, et de les ordonner en niveaux, autrement dit, révèle, sous l'apparence linéaire, la structure en profondeur de la phrase?

Plusieurs sortes de repères *(structural markers)* interviennent ici, qui tombent sous l'une ou l'autre des rubriques suivantes :

1. L'*ordre des mots*, plus ou moins rigide selon les langues (on verra pourquoi), constitue sans doute — en liaison avec l'intonation et l'accent — l'indicateur syntaxique le plus général.

---

[1] Cf. là-dessus L. BLOOMFIELD, *A set of postulates...* (dans SAPORTA, 1961, pp. 26-33 et E. W. HOUSEHOLDER, *On linguistic terms* (*Ibid.*, pp. 15-25) : sujet et prédicat sont noms de *constituants* dans une *construction* définie.

Chaque langue, nous l'avons vu, a ses types caractéristiques de constructions, et ses classes de constituants susceptibles d'y prendre place *à telle ou telle position* [1].

C'est ainsi que, dans de nombreuses langues, — du français au chinois —, le sujet précède le verbe, et le verbe l'objet, ce qui révèle, hors de toute parenté lexicale, une communauté de structure entre les phrases :

Le vieillard attend la mort
La faim menace l'humanité

et oppose, d'autre part, les propositions ci-dessous, faites de mêmes termes, mais rangés différemment :

Pierre aime Marie
Marie aime Pierre

C'est ainsi encore que l'adjectif épithète peut, en règle, précéder ou suivre le substantif (chinois/hébreu), l'adjectif attribut, au contraire, le suivant ou le précédant (mêmes langues) :

chinois : *ngŏ jînn* : méchant homme
jînn ngŏ : l'homme est méchant
hébreu : *mèlèk gādōl* : un grand roi
hammèlèk haggādōl : le grand roi
gādōl hammèlèk : le roi est grand [2].

Ainsi enfin que le nom régi suit normalement le nom régissant (hébreu), plus rarement le précède (chinois) :

hébreu : *debar 'Elōhīm* : la parole de Dieu
chinois : *jînn oŭo* : la maison de l'homme [3].

---

[1] " Word order and constituent class membership, the two basic structural markers, are, of course, completely interdependent. Constituent classes are defined by the ability of the members to occur in certain characteristic positions. These positions can be recognized or stated only in terms of relationship involving order. Word order can be defined only in terms of classes ". GLEASON, 1961, p. 156. Cf. HOCKETT, 1958, p. 214.

[2] Cf. une foule d'exemples parallèles pris dans d'autres langues chez BENVENISTE, 1966, pp. 157-158 (*La phrase nominale*, pp. 151-167).

[3] On peut se demander si des solidarités se marquent entre les ordres respectifs du sujet et du verbe, du verbe et de l'objet, du nom et de l'adjectif,

2. Aux entités lexicales s'opposent des *mots fonctionnels* (*function words* : articles, pronoms, copules, prépositions ou postpositions, conjonctions) qui marquent l'articulation de la phrase en unités subordonnées.

Conjonctions et prépositions entrent, à titre de constituants initiaux, dans des *constructions directives* et y font apport de leur etc. Ce problème a été étudié par Greenberg sur un échantillon de trente langues choisies parmi les plus diverses. (*Some universals of grammar with particular reference to the order of meaningful elements*, dans GREENBERG, 1963, pp. 58-90).

Il apparaît que sujet, verbe, objet s'ordonnent entre eux de trois manières possibles, qui correspondent aux positions possibles du verbe, le sujet précédant toujours l'objet :

VSO (6), SVO (13), SOV (11)

Si l'on met en relation avec ces ordres la présence de prépositions ou postpositions *(Prép./Post.)* la position respective du nom régissant et du nom régi au génitif (NG ou GN), enfin celle de l'adjectif et du nom qualifié (AN ou NA), les solidarités ci-dessous semblent, jusqu'à un certain point, se dégager :

Prép. - NG - VS - VO - NA
Post. - GN - SV - OV - AN

La tendance, dans le premier cas, serait de suivre l'ordre : *modifié-modifiant*, et dans le second cas, l'ordre contraire. Des discordances apparaissent, cependant, concernant le couple NA/AN qui peut, aussi, s'inscrire en parallèle avec SV/VS, en raison d'une commune référence au couple : *topic-comment*.

On notera encore, anticipant quelque peu sur ce qui doit suivre, que — dans l'échantillon de Greenberg, et l'on prendra garde aux généralisations — les langues *exclusivement* suffixantes usent de postpositions, et celles, *exclusivement* préfixantes, de prépositions.

La différence psychologique entre langues à suffixes et langues à préfixes avait été indiquée avec une remarquable pénétration par Sapir (*Language*, p. 127, n. 10) : " It seems to me that there is a rather important psychological distinction between a language that settles the formal status of a radical element, before announcing it—and this, in effect, is what such languages as Tlingit and Chinook and Bantu are in the habit of doing—and one that Begins with the concrete nucleus of a word and defines the status of this nucleus by successive limitations, each curtailing in some degree the generality of all that precedes. The spirit of the former method has something diagrammatic or architectural about it, the latter is a method of pruning afterthoughts. In the more highly wrought prefixing languages, the word is apt to affect us as a crystallization of floating elements, the words of the typical suffixing languages (Turkish, Eskimo, Nootka) are " determinative " formations, each added element determining the whole form anew ".

Le turc et le bantou (sous la forme du swahili) figurent dans l'échantillon de Greenberg et répondent aux schémas :

turc : Post. - GN - SOV (donc SV - OV) - AN (suffixant)
swahili : Prép. - NG - SVO (donc SV - VO) - NA (préfixant).

sens propre *(si, lorsque, avant que, après que, puisque... - sur, sous, dans...).* En même temps, cependant, elles relient ces constructions à la phrase dans son ensemble ou à telle de ses composantes : groupe nominal ou groupe verbal, avec lesquels elles nouent des constructions plus vastes, de type attributif. Il arrive, d'ailleurs, qu'elles ne servent qu'à ceci et que leur contenu sémantique se réduise à rien [1].

Comme telles, on les voit suppléer ou renforcer les indications de l'ordre des mots. Il suffira de rappeler la construction objective de l'espagnol :

espero a un amigo : j'attends un ami

ou l'expression de la possession en français :

la maison de l'homme [2].

Conjonctions et inversions syntaxiques peuvent pareillement alterner :

S'il était venu, je l'eusse accueilli,
Fût-il venu, je l'eusse accueilli.

---

[1] Ce sont là les *pure markers* dont parle Hockett, 1958, pp. 192, 194, 214, 216, de rôle purement syntaxique, par contraste avec les *impure markers (si, lorsque..., sur, sous...)* qui ne laissent pas de fournir une contribution sémantique (cf. aussi Gleason, 1961, pp. 158-159). Cette distinction est parallèle, comme Hockett lui-même le remarque, à celle des *pure relational* concepts et *concrete relational concepts* qui joue un si grand rôle dans les analyses de Sapir. Il semble, cependant, que ce dernier concevait les rapports marqués par particules comme toujours *pure relational*, la notion de *concrete relational* étant réservée aux faits de nombre, de genre, etc. marqués par affixes et impliqués dans les phénomènes d'accord (cf. *Language*, 1921, pp. 87-89; 93 ss.; 101-103). Seules, dans les noms fléchis, les désinences *casuelles* seraient purement relationnelles. De même, dans le verbe, personne et mode (déclaratif) sont *pure relational*, le temps et le nombre *concrete relational* (pp. 86-87).

[2] On comparera :
fr. *Rue de Rome*   ital. *Via Roma*
fr. *Rue Bonaparte*   ital. *Corso Garibaldi*

Le chinois qui, nous l'avons vu, rend la possession par l'apposition antécédente, peut insérer également une particule, par ex. *ti : jênn ti ouo.* pour *jênn ouo.* La même particule peut être insérée entre épithète et substantif. Les conjonctions y sont, de même, très souvent sous-entendues. De même, le sujet ou le verbe. La tendance de cette langue est évidemment de marquer les relations syntaxiques par les seules ressources de l'ordre des mots.

Il est remarquable, enfin, que pas mal de langues comportent des propositions nominales (cf. plus haut, les exemples du chinois et de l'hébreu), tandis que d'autres, comme le français, exigent la copule.

3. Une troisième possibilité réside dans les *affixes et modifications casuelles* qui jouent un rôle fort analogue à celui des prépositions ou de la place dans la phrase. Nombre de ces affixes ont d'ailleurs l'aspect de *postpositions* [1].

Le rapport de possession que nous avons vu indiqué par juxtaposition ou particule, peut être rendu également par la mise du régi au *génitif* :

   lat. *domus hominis*

ou du régissant à l'*état construit* :

   hébr. *debar 'Elôhîm* (de dābār : la parole).

Les autres cas réfèrent le nom au verbe (plus rarement à un autre nom), le nominatif marquant le sujet, l'accusatif l'objet, le datif, l'ablatif, l'instrumental, le locatif des objets « obliques » ou circonstances variées.

Dans la mesure où la déclinaison intervient, l'ordre des mots perd de sa rigidité, et il devient indifférent de dire (sinon stylistiquement) :

   Petrus amat Mariam ou *Mariam amat Petrus*
   liber Petri   ou   *Petri liber*

---

[1] Il y a donc place pour une enquête concernant le système « sublogique » des cas et des propositions, considéré en commun dans une langue donnée. Cf. BENVENISTE, *op. cit.*, p. 132, qui cite HJELMSLEV, *La catégorie des cas;* et JAKOBSON, *Beitrag zur allgemeinen Kasuslehre* — Travaux du Cercle Linguistique de Prague, 6, 1936, pp. 240-288. On se reportera aussi à l'exposé plus ancien de JESPERSEN, *Philos. of Grammar*, Allen, 1924, pp. 173-187. La distinction entre *pure* et *impure markers* vaut pour les désinences casuelles, aussi bien que pour les prépositions. Les auteurs du XIXe siècle opposaient les cas purement *grammaticaux* (nom., acc., etc.) aux cas *concrets*, désignant des relations surtout locales (locatif, ablatif, instrumental, etc.). Cependant, comme le note Jespersen (*loc. cit.*, pp. 185-186) : " No language of our family has at any time had a case system based on a precise or consistent system of meanings; in other words, case is a purely grammatical (syntactic) category and not a notional one in the true sense of the word... Cases form one of the most irrational parts of language in general ".

Il est fréquent, d'autre part, que prépositions et cas se combinent par une sorte de redondance et que chacune impose à son régime un cas déterminé, comme le verbe appelle normalement l'accusatif (en latin, rarement le génitif : *oblivisci* ou l'ablatif : *uti*). Parfois, cependant, deux possibilités se présentent, dont chacune a sa nuance (cf. *in urbem, in urbe*). On dit que verbes ou prépositions *régissent* tel ou tel cas, et ces faits de *rection* ont pour effet de souligner l'unité interne de maintes constructions directives.

4. Noms, adjectifs, verbes, adverbes peuvent ne se signaler à l'état isolé par aucun trait morphologique et ne révéler leur nature que par leur place dans la phrase. Des suffixes dérivationnels peuvent aussi les caractériser (cf. ban*al*, ban*àlement*, ban*aliser*).

De plus, dans nombre de langues (*agglutinatives* ou surtout *flexionnelles*), le nom est soumis à flexion, non seulement au point de vue du cas, mais aussi du genre et du nombre, notions que d'autres idiomes, comme le chinois, ne songent pas à préciser. Et la forme verbale indique, par affixes ou modifications internes, non seulement le mode (indicatif, impératif...) et la personne, mais le temps, l'aspect, la voix, enfin le nombre et le genre du sujet — nuances qui sont rendues ailleurs, quand le discours l'exige, par d'autres moyens.

De telles flexions caractéristiques permettent d'identifier à coup sûr les parties du discours au sein de la phrase. Mais de plus elles ménagent une possibilité qui échappe aux langues isolantes : celle de l'*accord* et de la *référence à distance (cross reference)*.

Dans la construction latine :

pater harum bonarum puellarum

les trois derniers mots — démonstratif, épithète, substantif — s'*accordent* en genre, en nombre, et en cas. Et cet accord, pour superfétatoire qu'il paraisse (puisque l'ordre des mots arrive au même résultat dans d'autres langues) a pour effet de marquer fortement leur solidarité. Il permet, d'autre part, de distinguer cette construction d'autres qui, faisant intervenir les mêmes termes dans le même ordre, nouent entre eux des liens différents :

pater hic bonarum puellarum
pater hic bonus puellarum

Et voici qui est plus remarquable encore. Tandis que l'accord joue à l'intérieur d'une construction, soulignant son unité, la *référence* ou *accord à distance* jette un pont entre constituants principaux de la phrase : groupe nominal et groupe verbal (ou prédicat). Dans :

L'homme qui attend le train, $\dfrac{\textit{se rend à Bruxelles}}{\textit{est fatigué}}$

le prédicat s'accorde à distance en genre et en nombre avec le sujet, et le verbe en nombre. Les langues sémitiques accordent le verbe également en genre. Il est des langues amérindiennes, comme le Chinook, qui règlent le verbe, non seulement sur le sujet, mais sur l'objet et autres compléments. Enfin, c'est l'un des caractères des langues bantoues que de souligner la solidarité des éléments de la phrase au moyen de préfixes indéfiniment répétés.

On comprendra que l'intervention de l'accord relâche définitivement les exigences de l'ordre des mots, ainsi qu'en fait foi la syntaxe du latin. Ordre des mots — accord, tels sont les deux pôles entre lesquels, comme le notait Sapir, oscillent les structures syntaxiques, ce qui conduisait ce maître à distinguer deux types de langues, les unes *(pure relational)* où les relations syntaxiques sont marquées à l'état pur par ordre, particules ou agglutination, les autres *(mixed relational)* où elles s'encombrent de concepts parasites, tels que le genre, le nombre, etc. marqués principalement par fusion ou symbolisme, et permettant à l'accord de jouer [1]. Contrairement aux thuriféraires des langues classiques, il semble à le lire qu'il préférât la légèreté aérienne des premières à une certaine lourdeur des secondes.

* *

[1] Cf. *Language*, 1921, ch. VII : *Types of linguistic structures*, pp. 120-146. Ces deux types de langues se subdivisent à leur tour en *simples* et *complexes*

Le mode d'analyse qui vient d'être décrit, sous forme évidemment très condensée, s'inspire pour l'essentiel de la linguistique américaine de l'ère postbloomfieldienne [1]. Il est du type *Element model*, les phrases s'y décomposant en constructions, celles-ci en suivant qu'elles ignorent ou admettent la dérivation. D'où la classification quadripartite :

A. *simple pure relational* (chinois).
B. *complex pure relational* (turc).
C. *simple mixed relational* (bantou, français?)
D. *complex mixed relational* (latin, grec, sémitique, anglais).

A l'intérieur de ces groupes, et suivant la *prédominance* des procédés morphologiques employés, on distinguera des langues *isolantes* (chinois), *agglutinantes* (turc, bantou), *fusionnelles* (indo-européen), *symboliques* (sémitique).

Enfin, suivant le nombre de morphèmes qui peuvent s'adjoindre à la racine, on parlera de langues *analytiques* (chinois, français, anglais), *synthétiques* (turc, bantou, latin, grec, arabe) et *polysynthétiques* (langues amérindiennes du groupe B comme le Yana, ou du groupe D comme le Nootka ou l'Algonquin).

Sur l'alternative : *ordre des mots/flexion et accord*, Jespersen (*Language*, 1922, pp. 344-366) se rencontre avec Sapir, mais, de plus, croit à une évolution générale des langues, passant, à la période historique, d'un stade « où les mots étaient placés ici ou là, suivant la fantaisie du moment, maints d'entre eux étant pourvus de signes montrant leurs relations mutuelles » à un stade où ces signes disparaissent, suppléés par l'ordre des mots et les prépositions (p. 362). Sapir pensait, lui, que, à l'origine, mots et morphèmes ne désignaient que des notions concrètes, leurs relations n'étant pas explicitement exprimées, mais simplement impliquées et articulées par le moyen de l'ordre et du rythme et ressenties intuitivement (*Language*, p. 114).

Les études de typologie linguistique, longtemps discréditées, ont retrouvé dans les années récentes la faveur des linguistes, comme en témoignent les exposés de Jakobson, 1963, pp. 68-77 et de Benveniste, 1966, pp. 99-119, ainsi que le recueil de Greenberg, 1963.

[1] On comparera l'entreprise monumentale de Tesnière *(op. cit.)* qui, avec une terminologie différente, et dans une zone où se côtoient davantage syntaxe et sémantique, présente un ensemble impressionnant d'analyses structurales de phrases, restituées dans l'ordonnance hiérarchique que masque la séquence linéaire.

Beaucoup plus sommaire, l'exposé de Martinet (1963, ch. IV, pp. 97 ss.) part des *monèmes*, unités signifiantes minimales. Les *monèmes* se divisent en *lexèmes* ou monèmes lexicaux, et *morphèmes* ou monèmes grammaticaux (*monèmes fonctionnels* : prépositions ou désinences; pronoms; articles). Le *syntagme* est une combinaison de monèmes, séparables ou non, et le *mot* un syntagme non dissociable. Les syntagmes sont dépendants, indépendants ou autonomes. La phrase s'organise autour d'un syntagme indépendant, le *syntagme prédicatif*, actualisé par un *sujet*, et dont tout le reste est *expansion*.

mots, et les mots enfin en morphèmes. Aucun heurt n'y signale le passage de la syntaxe à la morphologie.

Nous notions, cependant, chemin faisant les difficultés occasionnelles de l'analyse syntagmatique, et les subterfuges qui s'imposaient à elle lorsqu'il fallait rendre compte, non plus simplement de juxtapositions et agglutinations, mais de modifications internes de thèmes : alternances vocaliques ou consonantiques, redoublements, changements d'accent et de ton [1].

C'est sur ce point que reprend l'avantage le modèle antithétique qui s'était imposé jusqu'à Bloomfield, et qui, plutôt que de *combiner* entre eux des *éléments* de base, décrit les *processus* divers auxquels les soumet la langue *(Process model)* [2]. Il est évidemment bien plus simple de décrire *sold* comme une prétérisation et modification interne de *sell*, que de le décomposer en un allomorphe de *sell* : *s-l*, et un morphème *o-d*, fait d'affixes interpolés, et lui-même allomorphe de *-ed*. Tel est bien le fait morphologique où achoppe l'analyse syntagmatique : celui des *signifiants discontinus*.

La difficulté n'est pas moins patente sur le plan syntaxique. Dans une phrase comme :

les animaux se meuvent

l'analyse en éléments isolera trois morphèmes caractéristiques du pluriel : *-es*, *-aux*, *-vent* sans être en mesure de dégager leur solidarité, c'est-à-dire que le phénomène capital de l'*accord* échappe à ses prises.

Pareillement laisse-t-elle dans l'ombre l'interdépendance de l'auxiliaire *a* et du *-é*, de l'auxilié dans :

Pierre a mangé.

Enfin est-il naturel d'analyser une phrase négative, interrogative, impérative ou passive sans référence aucune à la phrase

---

[1] Cf. plus haut, p. 55, n. 2.
[2] On en trouvera une admirable illustration dans l'ouvrage de SAPIR, 1921, ch. IV : *Grammatical processes*.
Sur l'opposition de l'*element model* et du *process model*, cf. GLEASON, 1961, ch. XIII : *Language and Grammars*.

affirmative ou active qui lui correspond? La tentation est grande de considérer les premières comme *transformations sui generis* des secondes. De nouveau, à ces références virtuelles de proposition à proposition, l'analyse syntagmatique ne peut faire nulle place.

Telles sont les raisons qui, dans les quinze dernières années, ont incité Harris, Chomsky et d'autres, à revenir au *process model* ou, plus exactement, à superposer à l'*analyse syntagmatique*, dont restent justiciables constructions et propositions élémentaires, une théorie des *transformations* qui peuvent les affecter : *addition, suppression, substitution, permutation*.

Une vue superficielle de la grammaire chomskyenne serait de n'y voir qu'une théorie des relations structurales entre phrases évidemment apparentées, comme les couples des actives-passives, ou des affirmatives-interrogatives. Elle est beaucoup plus que cela [1]. Cependant, c'est sous cet aspect plus simple et immédia-

---

[1] Cf. CHOMSKY, 1957; 1964. Une grammaire transformationnelle comprend trois parties :

a) une partie syntagmatique, qui se donne d'entrée de jeu le schéma :

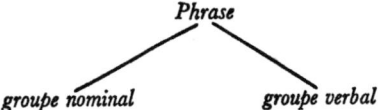

ces deux groupes pouvant se développer, par exemple, en :

Soit maintenant la phrase :
the man has been reading the book
où nous porterons notre attention sur le groupe de l'auxiliaire *(has been)* et du verbe *(reading)*. Il suppose au niveau syntagmatique, une suite de *morphèmes continus*, qui ne se retrouveront pas tels quels dans la phrase concrète, et que l'on peut donc considérer comme des *constructs* de la théorie linguistique. Il est hors de doute, cependant, qu'ils constituent plus que cela, et qu'ils

trouvent un fondement réel dans le psychisme profond du sujet parlant, celui-ci ne pouvant faire mention d'un sujet au singulier sans anticiper l'accord du verbe, ni mention de l'auxiliaire sans anticiper les modifications correspondantes de l'auxilié. Quoi qu'il en soit, voici comment se présente la séquence sous-jacente *(underlying string)* à ce que deviendra la phrase définitive :

|*(the man : sing.)* + *s (par accord)*| + |*have* + *en*| + |*be* + *ing*| + |*read*|

b) *une partie transformationnelle* qui soumet la séquence précitée à la transformation obligatoire *(permutation)* :

(affixe + verbe) ⟶ (verbe + affixe)

et substitue aux *morphèmes continus virtuels* du stade précédent des *mots réels*, faits de signifiants *discontinus* :

haves been reading

c) *une partie morphophonémique* qui procéde aux ajustements nécessaires et donne à la séquence son aspect phonémique final :

has been reading

On appelle *phrases nucléaires (kernel sentences)* celles qui résultent exclusivement de dérivations syntagmatiques et transformations obligatoires. Elles sont de type très simple, déclaratif, affirmatif, actif.

Des *transformations facultatives* (permutations, substitutions, additions, suppressions) peuvent convertir les phrases nucléaires (ou plutôt les séquences sous-jacentes) en phrases plus compliquées, par exemple, une affirmative en interrogative :

who has been reading the book
has the man been reading the book
what has the man been reading

Voir sur ceci Chomsky, *Syntactic structures*, 1956, notamment pp. 38-48; Gleason, 1961, ch. XII : *Transformations*, enfin et surtout l'admirable ouvrage : N. Ruwet, *Introduction à la grammaire générative*, Plon, 1967, qui nous est malheureusement parvenu trop tard pour que nous puissions en intégrer toutes les richesses à notre exposé.

La conception initiale de Chomsky a subi, dans des publications ultérieures (*Aspects of the theory of syntax*, Cambridge, M.I.T., 1965; *Topics in the theory of generative grammar*, dans : T. A. Sebeok, *Current trends in Linguistics*, III, Mouton, La Haye, 1966, pp. 1-60 — notamment en ce qui concerne les négatives, interrogatives, etc. — des retouches qui, si nous osons le dire, ne paraissent pas toujours heureuses, ni exemptes d'arbitraire, au profane que nous sommes, vu l'abus qui y est fait des *dummy elements* — ce que Fernand Brunot eût appelé des *sous-entendus imaginaires*. Une brève allusion y sera faite plus loin (p. 91, n. 1). A ce nouveau stade de la théorie ne subsistent plus que des transformations obligatoires, des subterfuges d'autre sorte rendant compte des transformations facultatives (à l'exception toutefois de celles qui fondent plusieurs phrases en une).

D'autre part, sont conçues également comme *transformations* les substitutions d'éléments lexicaux concrets aux rubriques abstraites du schéma syntagmatique : *Phrase, groupe nominal, groupe verbal*, etc.

tement compréhensible que, dans cet exposé tout élémentaire, nous la considérerons.

Dans cette perspective, les phrases :
>*The man do-es not read the book*
>*Do-es the man read the book*

ne doivent pas être d'emblée décomposées en leurs constituants, mais d'abord ramenées par transformation à la proposition élémentaire :
>*The man reads the book*

l'auxiliaire *do* apparaissant du même coup comme pur élément syntaxique, porteur du suffixe -s.

De même, la phrase :
>*Le livre est cité par Pierre*

résulte, suivant règles définies, de :
>*Pierre cite le livre*

ce qui la différencie structuralement de cette autre :
>*Le livre est cité par erreur.*

Mais la notion de transformation ainsi dégagée va voir son domaine s'étendre et mordre progressivement sur celui de la décomposition en éléments. Il ne restera, finalement, comme justiciables de cette dernière qu'un petit nombre de phrases simples, déclaratives, actives (sujet-prédicat; sujet verbe; sujet-verbe-objet) [1]. Toutes les autres en seront déduites par transformations appropriées.

C'est ainsi que la phrase qui nous a servi d'exemple :
>*L'homme qui attendait le train, se rendait à Bruxelles*

résultera des deux phrases élémentaires :
>1. *L'homme attendait le train*
>2. *L'homme se rendait à Bruxelles,*

par insertion de l'une dans l'autre, et *transformation généralisée.*

---

[1] Ce sont justement là les types de phrase qui existent dans toutes les langues, ainsi qu'on l'a vu plus haut, p. 60.

Ainsi encore que, conformément à l'analyse de la *Grammaire de Port-Royal*, la phrase :

Dieu invisible a créé le monde visible

contient en elle les couches superposées [1] :

1. *Dieu est invisible*
   Le monde est visible
   Dieu a créé le monde
2. *Dieu qui est invisible a créé le monde qui est visible (double insertion)*
3. *Dieu invisible a créé le monde visible (double réduction).*

La référence à Port-Royal indique assez clairement la parenté de cette approche et de la grammaire traditionnelle. Comme cette dernière, et beaucoup plus que l'analyse taxinomique, elle rejoint l'intuition linguistique des sujets parlants [2]. Sa seule nouveauté est d'*expliciter* et *formaliser* ce que les grammaires familières laissent dans le vague ou formulent en termes lâches.

Dès lors, il ne suffira plus de dire que, comprendre une phrase, c'est en restituer la structure hiérarchique, sous-jacente à l'ordre linéaire. Comprendre une phrase, c'est d'abord parcourir à rebours les transformations successives qui l'ont faite ce

---

[1] *Current issues in linguistic theory*, 1964, pp. 15-16.

[2] L'analyse taxinomique ne fait pas de différence, par exemple, entre les deux phrases :

John is easy to please
John is eager to please

qui sont, cependant, ressenties comme non superposables. L'analyse transformationnelle rattache la première à :

Something pleases John

et la seconde à :

John pleases someone

Cf. *Current issues* (1964), pp. 34-35 et 61-65.

qu'elle est, depuis une ou plusieurs propositions simples. C'est ensuite — et ensuite seulement — décomposer celles-ci en leurs constituants [1].

Le problème du sens se trouve du même coup plus étroitement cerné, et l'analyse grammaticale contribue pour une part notable à le résoudre, ne laissant à l'analyse sémantique que l'examen des propositions de départ, porteuses élémentaires de sens (par ex. « Dieu est invisible », « le monde est visible », « Dieu a créé le monde » dans la phrase de Port-Royal). Les autres, dérivées, relèvent, pour leur interprétation, de la grammaire intériorisée que l'auditeur porte en lui.

Enfin, tout cela retentit au plus haut point sur la notion, tant de la perception que de l'apprentissage du langage. Une vue sommaire, commune aux linguistes et aux psychologues, a conduit les premiers à ne voir dans la langue qu'un inventaire de termes et formules, et les seconds à expliquer le discours par l'acquisition, la restitution et la combinaison mécaniques de celles-ci, sous la pression de l'utilité et de la loi de l'effet. A la vérité, ce qui caractérise la *langue* (au sens saussurien), ce n'est pas une *somme d'éléments*, mais un *système fini de règles (generative rules)* permettant d'engendrer l'infinité des phrases grammaticales d'un idiome, certaines jamais ouïes auparavant, et pourtant d'emblée comprises.

Ce système comporte des orientations et contraintes définies, inscrites dans le psychisme humain, mais — hors ces contraintes — mille potentialités variables, exemplifiées dans les langues.

---

[1] Cf. *Syntactic structures*, 1957. " ... the process of " understanding a sentence " can be explained in part in terms of the notion of linguistic level. In particular, in order to understand a sentence, it is necessary to know the kernel sentences from which it originates... and the phrase structure of each of these elementary components, as well as the transformational history of development of the given sentence from these kernel sentences. The general problem of analyzing the process of " understanding " is thus reduced, in a sense, to the problem of explaining how kernel sentences are understood, these being considered the basic " content elements " from which the usual, more complex sentences of real life are formed by transformational development " (p. 92. Cf. aussi p. 108, et *Current Issues*, 1964, pp. 50-52).

Apprendre une de celles-ci, c'est *actualiser* et faire jouer l'une des grammaires *possibles* qu'on porte en soi, parce qu'on la devine à l'œuvre dans les propos entendus [1]. Ainsi une juste compréhension de la syntaxe fait-elle réviser complètement, non seulement les concepts de base de la linguistique, mais beaucoup plus généralement la psychologie de l'apprentissage et de l'organisation mentale. De cela, les psychologues récents — au moins ceux qui ont suivi le progrès des études linguistiques — ont fini par prendre conscience [2]. C'est en vain que, quarante ans plus tôt, Sapir avait formulé l'essentiel des intuitions chomskyennes, et soumis à une critique profonde les behavioristes de son temps, lesquels se

---

[1] " ... the structure of the grammar internalized by the learner may be, to presently quite unexpected degree, a reflection of the general character of his learning capacity rather than the particular course of his experience. It seems not unlikely that the organism brings as its contribution to acquisition of a particular language a highly restrictive characterization of a class of generative systems (potential theories) from which the grammar of its language is selected on the basis of the presented linguistic data " (*Current Issues*, p. 112). Cf. aussi le compte rendu fait par Chomsky de l'ouvrage de SKINNER, *Verbal behavior*, et surtout sa contribution à l'ouvrage ·de LENNEBERG, *Biological Foundations of Language*, 1967, pp. 397-442 : *The formal nature of language.* " The child must acquire a generative grammar of his language on the basis of a fairly restricted amount of evidence. To account for this achievement, we must postulate a sufficiently rich internal structure—a sufficiently restricted theory of universal grammar that constitutes his contribution to language acquisition " (p. 437). Comme l'auteur le remarque en note (40, p. 441), le succès de l'enfant est d'autant plus remarquable que les conclusions auxquelles il arrive concernant les règles de la formation des phrases se fondent sur un langage parlé qui ne lui propose que très imparfaitement, en ce qu'il est fait d'ellipses, de propos discontinus, de faux départs, etc.

[2] Cf. l'ouvrage décisif de E. H. LENNEBERG, *Biological Foundations of Language*, Wiley, 1967, et dans le recueil : E. H. LENNEBERG, *New directions in the study of language*, M.I.T. Press, 1964, les contributions de LENNEBERG, *A biological perspective of language*, pp. 65-88; G. A. MILLER, *Language and Psychology*, pp. 89-107; R. W. BROWN - U. BELLUGI, *The acquisition of syntax*, pp. 130-161; S. M. ERWIN, *Imitation and structural change in child's language*, pp. 163-189. Dans l'acquisition de la syntaxe, l'imitation, combinée avec la réduction et l'expansion, aboutit à l'*induction of latent structure* (Brown-Bellugi, p. 151). Cer dernières permettent, par-delà l'imitation, la création par analogie, de classes et règles nouvelles (Erwin, pp. 177, 181, 188). En général. la syntaxe suppose, chez celui qui parle, l'intervention d'*implicit rules*, de *reproductive* et *productive habits*, non explicables sans une prédisposition remarquable dans le sujet (Miller). Enfin, l'autonomie relative conférée à la syntaxe s'accorde au mieux avec l'analyse des rapports entre intelligence et langage. Quelque solidarité qui se marque entre ces fonctions, des pathologies non superposables forcent à les dissocier (LENNEBERG, 1964, *loc. cit.*, cf. 1967, pp. 309-320).

sont, sans inquiétude, perpétués jusque dans le nôtre [1]. *The formal nature of language* : ce titre-programme d'un des derniers essais de Chomsky, nul doute que le maître trop tôt disparu l'eût accueilli avec faveur pour son œuvre entière.

De cet attrait, de cette sensibilité innée pour la *forme*, dont témoignent, outre le langage, les mathématiques, la musique, etc., Sapir voulait que l'on cherchât les sources dans l'inconscient humain.

Des suggestions dignes d'intérêt ont été fournies, à cet égard, par Lenneberg. Cet auteur compare les structurations et transformations syntaxiques à des processus de même ordre, affectant perception et motricité. C'est une *différenciation* pareille qui,

---

[1] Voir, dans les *Selected Writing*, les articles *The Grammarian and his language*, 1924, pp. 150-159 et *The status of Linguistics as a science*, 1928, pp. 160-166, en particulier pp. 151-152; 156; 163-164). Citons : " The psychological problem which most interests the linguist is the inner structure of language, in terms of unconscious psychic processes, not that of the individual's adaptation to this traditionnally conserved structure " (p. 152). " Our current psychology does not seem altogether adequate to explain the formation and transmission of such submerged formal systems as are disclosed to us in the languages of the world. It is usual to say that isolated linguistic responses are learned early in life and that, as these harden into fixed habits, formally analogous responses are made when the need arises, in a purely mechanical manner, specific precedents pointing the way to new responses. We are sometimes told that these analogous responses are largely the result of reflection on the utility of the earlier ones, directly learned from the social environment. Such methods of approach see nothing in the problem of linguistic form beyond what is involved in the more and more accurate control of a certain set of muscles toward a desired end, say the hammering of a nail. I can only believe that explanations of this type are seriously incomplete and that they fail to do justice to a certain innate striving for formal elaboration and expression, and to an unconscious patterning of sets of related elements of experience " (p. 156). " We have every reason to surmise that languages are the cultural deposits, as it were, of a vast and self-completing network of psychic processes, which still remain to be clearly defined to us. Probably most linguists are convinced that the language-learning process is very largely unconscious and involves mechanisms that are quite distinct in character from either sensation or reflection. There is doubtless something deeper about our feeling for form that even the majority of art theorists have divined... " (p. 156). C'est faute d'avoir creusé ce problème que les psychologues " have so little of interest to offer in explanation of all those types of activity which lead to the problem of form, such as language, music and mathematics " (*Ibid*. — Cf. p. 159). Cf. aussi les excellentes pages sur le caractère prérationnel du langage et sur l'interaction du langage et de la pensée (*Language*, 1921, pp. 12-23).

isolant progressivement et interreliant les détails, fait comprendre tant une image qu'une phrase complexes. Des équivalences fonctionnelles s'établissent, d'autre part, entre objets vus sous différents angles, comme entre systèmes de mouvements transposés à des groupes musculaires distincts (ex. : écrire à la main gauche plutôt qu'à la main droite). Le cas est donc très général de manifestations de surface *(surface structures)* dépendant de structures profondes *(deep structures)*, et de *schémas abstraits* permettant de transformer un concret en un autre [1].

Cependant, s'il est vrai que différenciation, structuration et transformation constituent des processus biologiques de base, leurs champs, modes et limites d'application dépendent, pour chaque espèce, du patrimoine génétique et de la maturation. C'est cette dernière qui permet à l'homme, et à l'homme seul, de développer entre deux et treize ans une compétence linguistique et syntaxique, pour peu que l'entourage lui propose un modèle apte à l'actualiser [2].

***

La description syntaxique réglée, il reste à aborder la sémantique et à discuter le problème du *sens*. Sens des mots, sans doute, mais aussi des *morphèmes*, entités signifiantes minimales, constitutives des mots, et — par-delà les mots — sens des constructions et transformations qui donnent naissance aux phrases.

Le langage tout entier repose sur le processus psychologique de la nomination *(naming)*. Vers la fin de la seconde année, l'enfant, guidé par son entourage, donne un nom aux choses, et « le principe général sous-jacent à cette nomination est saisi d'emblée et immédiatement généralisé » [3]. C'est dire qu'il

---

[1] LENNEBERG, 1967, pp. 284-302.
[2] *Ibid.*, pp. 371-380.
[3] " The general principle underlying naming is grasped at once and immediately generalized " (LENNEBERG, 1964, p. 80).

implique tout autre chose qu'une addition de réflexes conditionnels ou liaisons stimulus-réponse : la compréhension d'une *règle* [1].

Cette règle joue même chez les idiots profonds, et il faut descendre jusqu'aux arriérés incapables de contrôler leur maintien, leur démarche, leurs fonctions de propreté pour en constater l'absence. « Des enfants dont le QI est de 50 à 12 ans et de 30 à 20 ans sont complètement en possession du langage, quoique leur articulation puisse être pauvre et qu'une faute grammaticale occasionnelle puisse apparaître dans leurs propos » [2].

Il est remarquable qu'au contraire, la généralisation du *naming* échappe complètement à l'animal, chimpanzé ou perroquet. Le chimpanzé stylé par les Hayes arrive à dire « cup », mais dans des circonstances définies de temps, de lieu, de présence de l'objet et de l'observateur [3]. De même, le perroquet, en possession, certes, d'un vocabulaire ou formulaire beaucoup plus riche, pourra dire « bonjour » le matin, « bonsoir » le soir, « au revoir » quand un visiteur prend congé. Il s'agit, dans tous ces cas, d'émissions vocales liées rigidement à des situations concrètes, non susceptibles de généralisation, ni d'ailleurs d'utilisation intentionnelle [4].

---

[1] Miller, *loc. cit.*
[2] Lenneberg, *loc. cit.*, 1964. Cf. aussi 1967, pp. 309-320.
[3] C. Hayes, *The ape in our house*, Harper, 1951. Cf. Lenneberg, *loc. cit.*, qui caractérise avec justesse ce comportement de nomination comme *situation-bound*.
[4] Cf. K. Lorenz, *King Salomon's ring*, Methuen, 1952, qui résume admirablement la question du « langage » des oiseaux (pp. 76-91). Ceux-ci disposent de tout un répertoire de cris *innés*, exprimant leurs dispositions du moment. Les oiseaux chanteurs y ajoutent un chant, pareillement *inné* et caractéristique de l'espèce, qui a pour effet d'attirer la femelle et d'éloigner les autres mâles de leur territoire. Dans ce chant, cependant, il leur arrive d'insérer, apparemment par *jeu* et sans intervention de signification, des sons ou suites de sons entendus et *appris*. Les étourneaux, pies et choucas y glissent des sons empruntés à l'homme. Enfin les perroquets et grands corvidés reproduisent des sons du langage humain, en dehors de tout chant, par jeu sans doute, mais non sans possibilité d'une certaine association de pensée du genre de celles que nous signalons dans le texte. Un autre exemple est celui du perroquet de l'ornithologiste von Lukanus, à qui avait été adjoint comme compagnon un oiseau d'une autre espèce, nommé « Höppfchen ». Le perroquet prononçait

Exactement parallèle au cas du perroquet apparaît celui de Victor, ce jeune sauvage de l'Aveyron que Itard entreprit d'éduquer et dont l'auteur français a laissé une relation qui est un modèle insurpassé d'observation clinique [1].

D'abord incapable de toute communication et livré à de pures décharges émotionnelles, Victor noue peu à peu des liens avec son guide, dont il comprend de mieux en mieux les suggestions gestuelles, en même temps qu'il manifeste son désir par des pantomimes remarquablement expressives [2].

ce nom en sa présence, cessa complètement de le prononcer quand il fut mort, et neuf ans plus tard, s'écria de nouveau « Höppfchen » en présence d'un nouveau compagnon semblable à l'ancien. Si la rétention est extrêmement persistante, l'acquisition est, en général très lente, sauf dans des cas d'excitation émotionnelle intense qui permettent parfois la fixation immédiate d'une « phrase » de longueur notable.

Lorenz cite à ce sujet deux anecdotes surprenantes. Celle d'un de ses perroquets qui, terrorisé par la vue du ramoneur sur le toit et ayant entendu la cuisinière déclarer : « Le ramoneur est là », restitue textuellement cette phrase bien des mois plus tard, lors d'une nouvelle venue du ramoneur. Celle d'un corbeau, disparu depuis quelque temps, et revenant blessé et en émoi, proférant : « On l'a pris au piège », phrase vraisemblablement entendue lors de sa capture momentanée.

Ces fixations instantanées sont peut-être à rapprocher des acquisitions immédiates de conduites conditionnelles sous l'effet de l'émotion, et contrastant avec la lente formation des réflexes pavloviens.

Ce qu'il y a de remarquable, c'est que le perroquet ou corbeau ne tire aucun parti de son répertoire vocal, qu'il ne lui arrive en aucun cas de dire « à manger » ou « à boire » pour obtenir nourriture ou boisson. Ces manifestations vocales échappent à la loi de l'effet, alors que celle-ci étend son emprise jusqu'à des réactions viscérales, comme la défécation (Cf. le perroquet de von Frisch, qui, ayant « remarqué » qu'on ne le libérait de sa cage qu'après qu'il avait déféqué, déféquait aussitôt qu'on s'approchait, dans le dessein d'être libéré).

[1] *Mémoire et rapport sur Victor de l'Aveyron* (1801, 1806) reproduit dans L. MALSON (1964), pp. 125-246. L'introduction marxiste-existentialiste-culturaliste de Malson n'ajoute rien au texte d'Itard, qui aurait mérité un autre commentaire. — On trouvera chez cet auteur et S. LANGER, 1960, pp. 111 et ss., la relation d'autres cas d'enfants-loups, moins instructifs que celui de Victor.

[2] Il tend son écuelle ou conduit son guide vers la cruche pour demander à boire (pp. 168-169). Pressé de manger, il met la table ou bien — au restaurant — « place son assiette à côté du mets qu'il dévore des yeux. Si cela ne produit rien, il prend une fourchette et en frappe deux ou trois fois sur le rebord du plat » etc. (p. 169). Souhaitant être voituré en brouette, « il prend quelqu'un par le bras, le conduit dans le jardin, et lui met entre les mains les branches de la brouette, dans laquelle il se place aussitôt. Si on résiste à cette première invitation, il quitte le siège, revient aux branches de la brou-

Plus tard, il apprend à *associer* formes, couleurs, objets d'une part, lettres et mots *écrits*, de l'autre, cherchant les objets dont on lui montre le nom et traçant en retour le nom des objets qu'il souhaite obtenir [1].

Il n'en est que plus instructif de voir Victor échouer complètement, malgré l'extrême patience de son tuteur, dans l'acquisition du langage verbal, et n'ajouter à son cri guttural des débuts qu'un petit nombre d'émissions vocales guère plus nombreuses

ette, la fait rouler quelques tours et vient s'y placer de nouveau, imaginant que si ses désirs n'ont pas été remplis, c'est faute de les avoir manifestés clairement » (p. 168). Enfin, fatigué de la présence de visiteurs, « il présente à chacun d'eux et sans méprise leur canne, leurs gants, leur chapeau, les pousse doucement vers la porte qu'il referme impétueusement sur eux ». (p. 169).

— De telles pantomimes ou langages gestuels avec " specific and purposeful motive of influencing in certain directions " et " true insight " (Lorenz), se retrouvent évidemment chez l'animal, notamment chez le chien et le singe, et on en trouvera des exemples remarquables chez Lorenz (1954 : chien pressé d'uriner et se jetant la nuit sur le lit de son maître pour le réveiller et sortir, p. 83), Yerkes (1943 : chimpanzé attirant le médecin et montrant ses dents malades, p. 192), Nissen (1947 et 1951 : chimpanzé mendiant de la nourriture à travers la grille; pressant des partenaires à coopérer à la traction d'une caisse; frappant du pied la porte de la cage voisine où se trouve une femelle et pressant l'observateur de l'ouvrir en pointant le doigt vers le cadenas; chimpanzé mâle remarquant qu'un groupe d'hommes observent la femelle et son bébé sur l'arbre, montant à l'arbre en toute hâte, tournant le tronc, puis la tête de la femelle vers le groupe, puis entraînant la femelle et le bébé dans la fuite, 1947, p. 552).

[1] « Au bout de quelques mois, Victor sut copier les mots dont il connaissait déjà la valeur, bientôt après les reproduire de mémoire et se servir de son écriture, tout informe qu'elle était et qu'elle est restée, pour exprimer ses besoins, solliciter les moyens de les satisfaire et saisir par la même voie l'expression des besoins ou de la volonté des autres » — Est-ce à dire qu'incapable, comme nous allons le voir, de langage verbal, Victor ait acquis la maîtrise du langage écrit? Le lecteur ne s'y trompera pas. C'est abusivement que l'on parle ici de *lettres*, de *mots*, de *noms*, d'*écriture* et de *langage*, alors qu'il ne s'agit que d'une série, aussi compliquée que l'on voudra, de configurations visuelles associées par contiguïté à autant d'objets, le recours à ces configurations étant gouverné, d'autre part, par la loi de l'effet. Pour plus compliquées qu'elles paraissent, ces acquisitions de Victor, résultat d'un lent dressage par essais et erreurs, sont en réalité de niveau psychologique inférieur à celui des pantomines dont il a été parlé plus haut, et qui résultent, elles, Itard y insiste, d'un *insight* immédiat (« mais ce qu'il y a de plus étonnant dans la manière avec laquelle il se prête à ces moyens de communication, c'est qu'il n'est besoin d'aucune leçon préliminaire, ni d'aucune convention réciproque pour se faire entendre » p. 170).

En revanche, les manipulations de « mots » inscrits par Victor nous paraissent tout à fait comparables à l'usage que les chimpanzés font des jetons dans les célèbres expériences de Yale (Wolfe, 1936; Cowles, 1937).

que celles du chimpanzé des Hayes, et proférées dans les mêmes conditions concrètes de présence de l'objet.

Il y a, à cette carence, une double série de raisons, les unes d'ordre sensoriel (la discrimination des sons du langage présentant à cet âge, et en tout cas, pour ce sujet, des difficultés inouïes, dont Itard montre admirablement l'incidence [1], les autres, beaucoup plus fondamentales, d'ordre intellectuel. Victor arrive, après cinq mois, à dire : « Oh », « Oh Diié » (pour : Oh Dieu!), « lait » devant le lait qu'on lui présente, « lli » devant la jeune fille qui vient le voir chaque dimanche. « Mais le mot prononcé, au lieu d'être le signe du besoin, n'était, relativement au temps où il avait été articulé, qu'une vaine exclamation de joie » [2].

Certes, tous les enfants commencent par ce stade [3], mais ils ne tardent pas à le dépasser, et ce n'est que lorsqu'ils l'ont dépassé, prenant conscience des ressources du *naming*, que s'installe la fonction du langage. Sans doute, l'*imprinting* possible de celle-ci, sous son triple aspect phonologique, syntaxique, sémantique ne va-t-il pas au-delà d'un certain âge [4].

Plus jeune, et sans doute plus douée que Victor, Hélène Keller en eut, comme on sait, la révélation immédiate, lorsque plongeant l'une de ses mains dans l'eau, Miss Sullivan, son institutrice traça sur l'autre le mot : eau [5].

---

[1] Cf. p. 193 ss.

[2] P. 165.

[3] Cf. Brown-Bellugi, *The acquisition of syntax*, dans Lenneberg (1964), p. 134. " The conversation [entre mère et enfant] is, in the first place, very much in the here and now. From the child, there is no speech of the sort that Bloomfield called " displaced ", speech about other times and other places. Adam's utterances in the early months were largely a coding of contemporaneous events and impulses. "

[4] Cf. en confirmation de ceci, le chapitre IV : *Language in the context of growth and maturation*, dans Lenneberg, 1967, qui fixe la période critique d'acquisition du langage entre 2 et 13 ans (pp. 143-153; 175-178).

[5] *Histoire de ma vie*, Payot, 1954, p. 40. Hélène Keller devint sourde-muette et aveugle à 19 mois, des suites d'une scarlatine. Avant celle-ci, les fondements de la fonction symbolique et verbale avaient pu être posés. Jusqu'à 7 ans, l'enfant ne communique avec ses proches que par mimique, gestes et pantomines (gestes de couper le pain, de beurrer une tartine, etc.). A 7 ans survint l'épisode dont nous parlons et qu'Hélène Keller commente en ces

D'un seul coup, écrit-elle, *le mystère du langage me fut révélé*, « non pas, commente Wallon, association purement circonstancielle de deux impressions, mais possibilité illimitée de substituer à chaque objet de perception ou de connaissance un signe qui lui corresponde. A peine eût-elle saisi la nature de ce rapport qu'Hélène Keller eut un véritable transport d'enthousiasme : l'enthousiasme de la fonction découverte et retrouvée. Des jours durant, elle ne se lassait pas de se faire indiquer pour chaque objet à sa portée un signe qui lui correspondît, comme fait le petit enfant vers sa deuxième année, lorsqu'il demande à propos de tout ce qu'il aperçoit quel en est le nom » [1].

On nomme *dénotation* ce rapport qui s'établit entre le mot ou signe linguistique et une entité ou composante du monde extramental. Une manière élémentaire d'indiquer ce que l'on entend par un terme est de *montrer* la chose ou événement à quoi il s'applique, et c'est par de telles définitions *référentielles* ou *ostensives* — explicites ou implicites — que commence l'acquisition du langage [2].

L'objet peut être cerné dans sa singularité et gratifié d'un nom propre. Plus souvent, il n'intervient que comme exemplaire représentatif d'une *classe*, dont les éléments, ou groupes ordonnés d'éléments, se ressemblent par quelque aspect : propriété, relation,

termes : « Soudain, il me vint un souvenir imprécis, comme de quelque chose depuis longtemps oublié, et d'un seul coup le mystère du langage me fut révélé... » Le langage était acquis, en effet, et il ne restait plus qu'à fournir le vocabulaire.

[1] 1938, 8, 22, 6.
[2] L. S. VYGOTSKY, *Language and thought* (1936), MIT Press, 1962, " Word at first is a conventional substitute of the pointing gesture " (p. 30). Le langage intentionnel et signifiant trouve son origine dans le langage affectif et vient " from the affective objectdirectedness of the pointing act " (p. 31). De même, G. de LAGUNA, *Speech, its function and development* (1927), Indiana U. P., 1963, pp. 71 ss. et 271 ss. — Wundt, dans sa théorie du langage (*Die Sprache*, Kroner Stuttgart), attribue une grande importance au *hinweisen* (t. I, p. 167 ss.), et de même Buhler (*Sprachtheorie*, Fisher, Iéna, 1924, 1965²) au *Zeigfeld* de la langue, et à ses diverses composantes qui vont de la *demonstratio ad oculos* à la *Lerndeixis* qui subsiste dans l'exposé scientifique le plus abstrait (« Regardez ce symbole : il signifie... »). Remarque analogue chez Sørensen, qui met en évidence la portée *monstrative* des guillemets (1958, pp. 51-52).

procès. Comme il est de règle en psychologie, la discrimination s'opère sur un fond initial de généralisation. Itard remarquait déjà — après Aristote — que « l'enfant qui d'abord balbutie le mot *papa*, sans y attacher aucune idée, s'en va le disant dans tous les lieux et en toute occasion, le donne ensuite à tous les hommes qu'il voit et ne parvient qu'après une foule de raisonnements et même d'abstractions, à en faire une juste et seule application » [1].

Cette faculté de catégorisation est, comme le remarque Lenneberg [2] (au moins sous son aspect formel) générale chez l'animal. Elle joue au niveau de la perception et de l'instinct, centrés sur des objets *génériques*. Elle gouverne l'apprentissage *discriminatif* qui sensibilise l'animal à l'aspect, soit qualificatif (forme, couleur), soit quantitatif (grandeur, nombre), soit relationnel (le plus grand, le plus clair) des stimuli présentés. Elle permet les *transformations* qui, par exemple, du couple *carré-cercle* font passer sans erreur au couple *rectangle-ellipse*.

Ce qui distingue la catégorisation humaine, c'est sa plus grande variété et subtilité de critères, c'est encore son extrême flexibilité qui autorise mille extensions métaphoriques, c'est enfin et surtout que les classes et relations dégagées reçoivent un nom.

De la dénotation, lien entre l'univers linguistique et l'univers extramental, il faut distinguer la désignation (ou signification) qui, elle, se situe tout entière à l'intérieur de la langue. On entend par là la relation qui, dans le signe linguistique, *réalité à double face*, s'établit entre *signifiant et signifié*, entre *image acoustique et concept*. Ainsi dira-t-on que « homme » *signifie*, a le *sens* d'« animal raisonnable ». Ce faisant, on donne de « homme » une définition *sémantique*, c'est-à-dire qu'on identifie un signe, ou plutôt son signifié, supposé non connu, à une combinaison d'autres, supposés

---

[1] *Op. cit.*, p. 171. Comme l'écrit Weinreich (dans GREENBERG, 1963, p. 149) " man makes ample use of his biological capacity for " perceiving universals " and learns many designata by deriving a gestalt from instances of denotata ".

[2] *Biological Foundations of Language*, 1967, pp. 329-337.

familiers. Ce sont de telles définitions par synonymes que donnent les dictionnaires [1].

Il va sans dire, cependant, que sous peine de circularité, force est de poser certains contenus sémantiques comme primitifs. Ceux-ci ont dû être acquis par ostension. Il est des termes, enfin, comme les connectifs logiques, qui ne correspondent à aucune composante du monde extérieur. C'est en observant les conditions dans lesquelles ils sont employés que l'enfant s'en forme l'idée [2].

Savoir ce que dénote un terme suppose qu'on en cerne — au moins confusément — le sens. Inversement, connaître le sens d'un terme permet de décider ce qu'il dénote. Il faut, cependant, réserver la possibilité de termes dotés de sens et ne dénotant rien (cf. les classes vides de la logique : centaure). D'autres ne font que dénoter, sans rien signifier. Tels les éléments *déictiques* du langage : *moi, ici, maintenant, ceci* [3].

[1] Cf. pour l'élaboration de ce dernier point J. J. KATZ et P. M. POSTAL, *An integrated theory of linguistic description*, M.I.T. Press, 1964, pp. 13-18. Les auteurs distinguent dans les définitions du dictionnaire, des *semantic markers* et des *semantic distinguishers*, correspondant à des *atomic concepts*, dont le definiendum constitue la synthèse. Comme on voit, nous ne sommes plus très loin de la vieille conception aristotélicienne de la définition par genre et différence spécifique.

[2] Voir sur tout ceci l'exposé très clair de H. S. SØRENSEN, *Word-classes in modern english, with special reference to proper names, with an introductory theory of grammar, meaning and reference*, Copenhague, Gad, pp. 1-55. Cf. aussi CARNAP (1958), pp. 39-42 et 95-99; BENVENISTE (1966), « *Nature du signe linguistique* » pp. 49-55 (on comparera les notations un peu flottantes des pp. 127-131); R. WELLS, *Meaning and Use*, dans SAPORTA, 1961, pp. 269-283; JAKOBSON, 1963, pp. 78-86.

[3] Ils s'organisent autour des pronoms de la 1re et de la 2e personne, or « ces pronoms se distinguent de toutes les désignations que la langue articule en ceci : ils ne renvoient ni à un concept ni à un individu.
Il n'y a pas de concept « je » englobant tous les *je* qui s'énoncent à tout instant dans la bouche de tous les locuteurs, au sens où il y a un concept « arbre » auquel se ramènent tous les emplois individuels de *arbre*. Le « je » ne dénomme donc aucune entité lexicale. Peut-on dire alors que *je* se réfère à un individu particulier? Si cela était, ce serait une contradiction permanente admise dans le langage et l'anarchie dans la pratique : comment le même terme pourrait-il se rapporter indifféremment à n'importe quel individu et en même temps l'identifier dans sa particularité? On est en présence d'une classe de mots, les « pronoms personnels », qui échappent au statut de tous les autres signes du langage. A quoi donc *je* se réfère-t-il? A quelque chose de très singulier, qui est exclusivement linguistique : *je* se réfère à l'acte de discours

Les philosophes et les logiciens nominalistes, comme les psychologues et linguistes behavioristes ont tendance à éliminer la désignation au profit de la dénotation, et à ne laisser en présence que la chose et le mot, simple *flatus vocis*. Si la chose provoque une réponse, le mot qui lui est lié suscite une *disposition* à répondre, et c'est dans de telles liaisons stimulus-réponse, actuelles ou potentielles, que consisterait ce que l'on nomme le *sens* [1]. Contre une telle vue, nous maintiendrons avec Weinreich que " the province of linguistic semantics is the study not of denotation or reference, but of the designational system proper to each language " [2].

Il n'y a pas de langue, *système de signes*, sans — partie intégrante de ce dernier — un *système de concepts*. Ceux-ci s'organisent et se délimitent différemment suivant les langues et c'est ici qu'il faudrait rappeler la théorie saussurienne de la *valeur* [3]. Aux *concepts d'individus* [4] liés à des noms propres s'opposent les *concepts abstraits* et *universels* de propriétés, relations, et procès, qui distribuent les individus ou événements en classes. A cet égard, nombre de groupements sont possibles qui dépendent des cadres de la langue et des capacités d'abstraction ou d'innovation des sujets parlants. Langage, conceptualisation et abstraction vont donc de pair, et résultent en commun d'une attitude fondamentale de

individuel où il est prononcé, et il en désigne le locuteur ». BENVENISTE, *op. cit.*, p. 261 (*Problèmes de linguistique générale*, Paris, 1966, © GALLIMARD).

[1] Quine, Goodman, Morris, Osgood, Bloomfield, etc. " Meaning is a recurrent stimulus-reaction feature which corresponds to a form " (BLOOMFIELD, *A set of postulates...*, dans SAPORTA, 1961, p. 28). Cf. la critique de ces auteurs par M. SCHEERER, *Cognitive theory*, dans LINDZEY, 1954, pp. 125-132 et U. WEINREICH, *On the semantic structure of language*, dans GREENBERG, 1963, pp. 152-154.

[2] *Loc. cit.*, p. 152. Même thèse chez Scheerer, *(loc. cit.)*, chez Sørensen (*op. cit.*, p. 14), chez Vygotsky (*op. cit.*, pp. 5 ss.), etc.

[3] *Cours*, pp. 158 ss. « Dans l'intérieur d'une même langue, tous les mots qui expriment des idées voisines se limitent réciproquement : des synonymes comme *redouter*, *craindre*, *avoir peur* n'ont de valeur que par leur opposition; si *redouter* n'existait pas, tout son contenu irait à ses concurrents » (p. 160).

[4] Si l'on admet cette extension de la notion de *concept* proposée par Carnap (*op. cit.*, p. 40). D'autres considèrent que les noms propres dénotent sans signifier. Cf. la discussion de ce point dans H. S. SØRENSEN, *The meaning of proper names*, Copenhague, Gad, 1963.

distance vis-à-vis du concret, que les travaux de Jackson, Head et surtout Goldstein sur l'aphasie ont bien mise en lumière : l'*attitude catégorielle* [1].

Si c'est au mot que l'on pense d'abord, lorsqu'il est question de sens, il faut rappeler, cependant, que cette entité, aussi décriée qu'irremplaçable [2], n'est pas l'entité signifiante minimale, mais qu'en beaucoup de langues, elle se décompose en sous-unités, confusément sensibles aux sujets parlants, quoiqu'elles ne soient explicitement dégagées que par les linguistes : les *morphèmes*. La théorie grammaticale range ceux-ci en *racines*, *thèmes* ou *radicaux*,

[1] Sur le concept, et les relations entre conceptualisation et langage, voir SCHEERER, *loc. cit.*; I. M. COPI, *Concepts*, dans P. HENLE, *Language, thought and culture*, Ann Arbor, 1958, pp. 24-48; BENVENISTE, *op. cit.*, pp. 24-31 (« la fonction symbolisante permet, en effet, la formation du concept, comme distinct de l'objet concret qui n'en est qu'un exemplaire. Là est le fondement de l'abstraction en même temps que de l'imagination créatrice » p. 26; « La transformation symbolique des éléments de la réalité ou de l'expérience en *concepts* est le processus par lequel s'accomplit le pouvoir rationalisant de l'esprit. La pensée n'est pas un simple reflet du monde; elle catégorise la réalité, et en cette fonction *organisatrice*, elle est si étroitement associée au langage qu'on peut être tenté d'identifier pensée et langage à ce point de vue » p. 28); LENNEBERG, *op. et loc. cit.* (la cognition et conceptualisation est présentée ici comme antérieure à la nomination et la conditionnant). Nul, cependant, n'a décrit avec plus de profondeur et de subtilité que Sapir (*Language*, 1921, pp. 12-23) l'interaction qui s'institue entre le langage *pré-rationel* à ses origines, et la pensée conceptuelle, toujours, si fugitivement que ce soit, appuyée sur le langage, qu'elle contribue ensuite à façonner. " ... language is primarily a pre-rational function. It humbly works up to the thought that is latent in, that may eventually be read into its classifications and its forms; it is not, as is generally, but naively assumed, the final label put upon the finished thought " (p. 15). " ... language is an instrument originally put to uses lower than the conceptual plane, and thought arises as a refined interpretation of its content " (*ibid.*). Cependant, la pensée conceptuelle la plus haute continue de prendre appui sur le langage, soit auditif, soit moteur, soit visuel, éventuellement inconscient.
Sur l'*attitude abstraite et catégorielle*, qui permet au sujet de se détacher du monde extérieur aussi bien que de l'expérience interne, de dominer l'objet et la situation en en fixant à volonté tel ou tel aspect aussi bien qu'en les embrassant d'un seul regard, d'abstraire des propriétés communes en formant des concepts hiérarchiquement ordonnés, enfin de faire des plans relatifs à l'avenir réel ou possible, et de s'y conformer effectivement ou symboliquement, voir K. GOLDSTEIN-M. SCHEERER, *Abstract and concrete behavior*, Psychol. Monogr., LIII, 1941, n. 2.

[2] Suivant la remarque de BENVENISTE, *op. cit.*, p. 123. De même, SAUSSURE, *Cours*, pp. 147, 154, 155; et SAPIR, 1921, pp. 59 et 82 ss. " The single word expresse either a single concept or a combination of concepts so interrelated as to form a psychological unity ".

affixes (thématiques, dérivationnels, flexionnels ou *désinences)*. Mention doit être faite, en outre, des modifications éventuelles du thème, telles que redoublements, alternances vocaliques ou consonantiques, différences de quantité, d'accent et de ton.

La racine, surtout dans les langues où elle s'impose avec force, comme le sémitique, est l'« élément où le sens commun à tous les mots parents atteint le maximum d'abstraction et de généralité »[1]. Le thème précise et limite ce sens général, en même temps qu'il situe le composé dans l'une ou l'autre des parties du discours (thèmes nominaux ou verbaux; adjectifs ou adverbes dérivés)[2]. Enfin, les désinences (ou modifications internes du radical) sont le support des déterminations casuelles, temporelles, personnelles, etc., indicatives des catégories grammaticales[3].

---

[1] SAUSSURE, *Cours*, p. 255.

[2] Certains affixes (*stem formatives* de GLEASON, 1961, p. 59 : *abstract governing affixes* de HOCKETT, 1958, pp. 243 et 264) n'ont d'autre rôle que de former un thème en relation avec une partie du discours. Ex. le o de θερμ-ό-ς, le y de milky. D'autres ajoutent à cette fonction une nuance sémantique : ex. ζεύκτηρ, où -τηρ indique l'agent. Cf. SAUSSURE, p. 257.

[3] Le statut de ces dernières est ambigu, on peut certes décrire sous mode formel un type particulier de flexion dans une langue donnée, mais si on le nomme *pluriel*, on lui donne le sens de *plus d'un* et on implique l'équivalence sémantique de ce type avec les pluriels d'autres langues. " We are familiar with the cases where semantically defined terms in the metatheory correspond to formally defined classes in a specific language, since it is these terms which yield the familiar grammatical categories, such as the contrasts *animate/inanimate*, or *singular/plural*, etc. " (SAPORTA, dans GREENBERG, 1963, p. 50).

Ici se poserait le problème largement débattu de la *signification grammaticale, formelle ou structurale* en tant qu'opposée à la signification *lexicale, matérielle* ou *réelle*. Schleicher, autrefois, Sapir, les sémanticiens russes et Jakobson, de nos jours (dans GREENBERG, 1963, p. 214) soulignent cette différence. D'autres, comme Saussure, Hjelmslev, Chomsky (1957, p. 104), Weinreich (dans GREENBERG, 1963, pp. 135-136 et 160) se refusent à lui faire un sort. " We must not imagine that a substantive is more meaningful than a preposition, or a word more meaningful than a derivational or inflectional ending " (HJELMSLEV, cité par Weinreich, p. 160). Le seul problème serait de chercher " why most languages prefer " grammatical " to lexical devices for the expression of certain meanings " (Weinreich, *ibid.*).

Un problème analogue, avec prises de position comparables, se pose concernant l'opposition *catégorèmes/syncatégorèmes* (logique traditionnelle); *mots autosémantiques/synsémantiques* (Marty); *autonomes/synnomes* (Benveniste, p. 124); *content words/function words* (Hockett), etc. Quoique ces oppositions ne se recouvrent pas en tous points, elles reviennent en gros à opposer aux

Celles-ci varient avec les langues et revêtent dans chacune des *valeurs* particulières [1]. Cela n'empêche pas que de la comparaison de toutes se dégagent un certain nombre d'invariants sémantiques, qu'il appartient à la *grammaire générale* de définir, en même temps qu'elle inventorie leurs modes d'expression variés dans les divers idiomes [2].

La grammaire générale s'occupe aussi des *parties du discours*. Celles-ci, nous l'avons vu, se définissent à l'intérieur d'une langue donnée par leur comportement grammatical (distribution, éventuellement *flexion*), et toute tentative de définition sémantique

très nombreux termes du lexique le petit nombre de mots qui, comme d'ailleurs les désinences plus haut traitées, jouent le rôle de *structural markers* : articles, pronoms, prépositions, conjonctions. Il n'est, cependant, pas exclu qu'ils possèdent en même temps une *signification* propre, et le cas de chacun devrait être discuté à ce point de vue : *et* et *ou* correspondent à des connectifs logiques et ne dénotent rien; *sur* et *dans* correspondent à des relations extramentales. (Cf. la distinction des *pure* et *impure markers* de Hockett, 1958, p. 192, qui correspond à celle des *pure* et *concrete relational concepts* de Sapir, 1921, p. 101).

[1] Cf. SAUSSURE, *Cours*, pp. 161-162 : « La distinction des temps, qui nous est si familière, est étrangère à certaines langues; l'hébreu ne connaît pas même celle, pourtant fondamentale, entre le passé, le présent et le futur. Le protogermanique n'a pas de forme propre pour le futur; quand on dit qu'il le rend par le présent, on s'exprime improprement, car la valeur d'un présent en germanique n'est pas la même que dans les langues pourvues d'un futur à côté du présent. Les langues slaves distinguent régulièrement deux aspects du verbe : le perfectif représente l'action dans sa totalité, comme un point, en dehors de tout devenir; l'imperfectif la montre en train de se faire et sur la ligne du temps. Ces catégories font difficulté pour un Français, parce que sa langue les ignore : si elles étaient prédéterminées, il n'en serait pas ainsi. Dans tous ces cas, nous surprenons donc, au lieu d'idées données d'avance, des *valeurs* émanant du système ». — On trouvera dans SAPIR, 1921, pp. 107-109, un inventaire remarquablement dense des catégories grammaticales retenues par les diverses langues, et dans JAKOBSON, 1963, pp. 181-184, un inventaire des catégories verbales. Cf. aussi GREENBERG, 1963, pp. 72-76 et 80-82, et JESPERSEN, 1924, pp. 173-337.

[2] Suspecte aux linguistes positivistes, la grammaire générale, qui a un long passé chez les philosophes et logiciens, a été défendue par MEILLET, *La grammaire générale*, — *Mém. Soc. Lingu.*, 1916-1917, t. 20, pp. 133-141 (avec application au temps et à l'aspect), par JESPERSEN, *The philosophy of grammar*, 1924, par JAKOBSON, *Implication of Language Universals for Linguistics*, dans GREENBERG, 1963, pp. 208-219 (défense des *interlingual and semantic-oriented definitions* du nombre, du cas, de la personne, des temps, de l'aspect, de la voix, du mode, combinée avec l'analyse des processus grammaticaux qui les expriment dans les diverses langues) et *Shifters, verbal categories and the Russian Verb*, Harvard Univ. 1957, traduit dans *Essais de L. G.*, pp. 176-206 (application de cette méthode au verbe russe), enfin par Chomsky et son école.

se heurte à des exceptions. Cependant, comme l'écrit Chomsky, grand partisan de l'autonomie de la syntaxe, « le fait que des correspondances existent entre les aspects formels et sémantiques ne peut cependant être ignoré... Nous trouverons naturellement qu'un grand nombre de mots et de morphèmes de la même catégorie grammaticale sont décrits sémantiquement en termes partiellement similaires, par exemple les verbes en termes de sujet et d'objet, etc. Cela n'est pas surprenant; cela signifie simplement que les combinaisons syntaxiques offertes par la langue sont employées de façon raisonnablement systématique »[1].

Toute langue comprend des *noms propres*, des *termes déictiques* (notamment le *je* et le *tu*), des *markers* purs ou impurs [2], toute langue fait une distinction entre *noms* et *verbes*, associés respectivement aux idées de *choses* et de *procès*, le verbe figurant à ce titre, de façon privilégiée, à la place du prédicat [3]. Hors ces constantes,

---

[1] 1957, pp. 102 et 104. Cf. tout le chapitre IX : *Syntax and Semantics*. Cf. aussi SAUSSURE, pp. 152-153. Les présentes remarques fournissent une justification relative à ceux qui, comme Martinet et Tesnière, dans leurs exposés des *classes de mots*, se meuvent « dans une zone moyenne, celle où s'articulent la syntagmatique et la sémantique » (J. FOURQUET, Préface à l'ouvrage de Tesnière, p. 5).

[2] HOCKETT, *The problem of universals in language* (GREENBERG, 1963, pp. 1-22), pp. 16-17.

[3] " It is well to remember that speech consists of a series of propositions. There must be something to talk about and something must be said about this subject of discourse, when it is selected. This distinction is of such fundamental importance that the vast majority of languages have emphasized it by creating some sort of formal barrier between the two terms of the proposition. The subject of discourse is a noun. As the most common subject of discourse is either a person or a thing, the noun clusters about concrete concepts of that order. As the thing predicated of a subject is generally an activity in the widest sense of the word, a passage from one moment de existence to another, the form which has been aside for the business of predicating, in other words, the verb, clusters about concepts of activity. No language wholly fails to distinguish noun and verb, though in particular cases, the distinction may be an elusive one " (SAPIR, *Language*, p. 119. Le même auteur emploie ailleurs les termes d'*existent* et *occurent*. Cf. *Selected Writings*, p. 123).

Cf. de même MEILLET, *loc. cit.* (Toute phrase est faite pour énoncer quelque chose. Ce que l'on énonce — le prédicat — est soit une *chose*, soit un *procès*. D'où les phrases nominales, d'une part, verbales, de l'autre); BLOOMFIELD (" actor-action construction "); JAKOBSON, *loc. cit.*, p. 209 (Universelle est la différence entre noms et verbes, assignant à leurs référents respectifs le rôle d'*existents* et d'*occurrents*. Cette différence " is correlated, but never merges with the likewise universal difference of two syntactic functions—subject

il n'y a plus que diversité, et ce que nous désignons par des adjectifs, adverbes, prépositions, conjonctions, peut être rendu ailleurs, par exemple en Yana, par des noms ou des verbes [1].

Il ressort des analyses précédentes qu'en beaucoup de cas, le mot n'est pas *sémantiquement* simple, mais se décompose en deux ou plusieurs morphèmes, dont chacun est porteur de sens. « Le problème crucial, cependant, n'apparaît pas au niveau des mots individuels, mais au niveau des phrases, où les mots se combinent suivant des règles sémantiques d'ordre supérieur, à présent bien imparfaitement comprises, pour engendrer le sens que nous assignons à la phrase dans son ensemble [2]. D'une certaine manière, nous sommes capables de combiner des significations pour obtenir la compréhension de la signification de la phrase, et nous sommes capables de faire cela pour des phrases qui sont entièrement nouvelles pour nous, et qui expriment des idées que nous n'avons jamais entendues ou conçues auparavant » [3].

Comprendre une phrase suppose que l'on comprend les mots qui la composent, mais aussi que l'on tient compte de sa structure syntaxique. Celle-ci, nous le savons, superpose *constructions* et *transformations*.

Les transformations ont-elles une portée sémantique? La tendance de Chomsky, nous l'avons vu (cf. plus haut, p. 74), était de répondre par la négative, mais les propositions *impératives*, *négatives* et *interrogatives*, supposées transformer les *déclaratives* correspondantes, imposaient, au moins en certains cas, une

---

and predicate"); HOCKETT, *loc. cit.*, pp. 18 et 3-4 (cas atypique du Nootka où il n'y a pas de radicaux nominaux ou verbaux distincts, et où tous les mots sont fléchis de même manière, un contraste virtuel entre verbe et nom apparaissant, cependant, au niveau du mot fléchi, pris comme un tout); MARTINET, *Élém. de Lingu. Générale*, 1960, pp. 143-144 (réserves analogues); BENVENISTE, 1966, pp. 151-154.

[1] SAPIR, *loc. cit.*, l'auteur ajoute au texte plus haut cité : " It is different with the other parts of speech. Not one of them is imperatively required for the life of language ".

[2] J. J. KATZ - J. A. FODOR, *The structure of a semantic theory,—Language*, 1963, 39, pp. 170-210.

[3] MILLER, dans LENNEBERG, 1964, p. 100.

décision contraire. Katz et Postal — approuvés par Chomsky — ont tenté, depuis lors, d'expliquer ces dernières par la présence virtuelle de morphèmes *ad hoc* (« j'ordonne que »; « je nie que »; « je veux être informé sur... ») dans les propositions de départ, et dénié aux transformations quelles qu'elles soient, d'autre valeur que syntaxique [1]. Peu convaincu par leurs laborieuses analyses, nous laisserons aux spécialistes de ce genre d'enquêtes le soin de trancher le débat. Ce qui est certain, c'est que des propositions comme : *il pleut, il ne pleut pas, pleut-il?* contiennent un noyau sémantique commun, assorti de prises de position variées — assertion, rejet, doute — de la part des locuteurs [2].

[1] J. J. KATZ - P. M. POSTAL, *An integrated theory of linguistic description*, M.I.T. Press, 1964, dont les conclusions ont été reprises par Chomsky, dans ses publications de 1965 et 1966 (cf. *supra*, p. 71).
[2] Les *propositional attitudes* dont parle B. RUSSELL, *Inquiry into meaning and truth*, Londres, Allen, 1940, p. 65. — Le cas de l'impératif devrait être traité à part, et c'est sans doute un des grands torts de la linguistique actuelle de le dériver de la prédication, alors qu'il s'agit d'une manifestation linguistique de type tout à fait différent.

Est-il si sûr, enfin, que la transformation d'une phrase active en la phrase passive correspondante n'implique aucun changement de sens? Comme l'avait bien vu Jespersen (*Philos. of Grammar*, 1924, pp. 164 ss.), le couple

Jacques aime Jeanne — Jeanne est aimée par Jacques

est parallèle aux couples :

A précède B — B suit A
A est à droite de B — B est à gauche de A

c'est-à-dire que la voix passive est un procédé grammatical permettant de transformer une relation en sa *converse* (yŘx comparé à xRy). Entre *aimer* et *être aimé*, il n'y a donc ni plus ni moins de différence qu'entre *précéder* et *suivre*, *être à droite* et *être à gauche*, etc. Cela revient sans doute au même de dire que *Jacques aime Jeanne* et que *Jeanne est aimée de Jacques*, ou encore que *A précède B* et que *B suit A*. Cependant, " what in the first sentence is looked at from the point of view of A, is in the second looked at from the point of view of B " (JESPERSEN, *loc. cit.*, p. 164).

On sait que la logique, dans des cas de ce genre, traite la relation comme un prédicat dyadique, attribué à un couple ordonné de co-sujets (Rxy, Řyx). Il a été soutenu que cette analyse proposée par la logique moderne reflète plus fidèlement la réalité linguistique que celle de la grammaire et de la logique traditionnelle. Ainsi, H. Reichenbach (*Introduction à la logistique*, Paris, 1939, p. 24) : " Objet et sujet remplissent par rapport au verbe une fonction symétrique et sont logiquement différenciés l'un de l'autre par leur place en tant que variables : tandis que le verbe, la fonction, se distingue d'eux comme étant d'un type logique différent. Aussi la grammaire commet-

Qu'il y ait, par contre, un *sens* propre aux *constructions* (*constructional meaning* de Bloomfield), c'est ce qu'il est difficile de nier. En quoi consiste-t-il et de quoi dépend-il? Le sens des mots qui y interviennent, s'il est essentiel, ne suffit pas à en rendre compte, car *Paul aime Marie* et *Marie aime Paul* ne veulent pas

elle une erreur intolérable quand elle considère l'objet comme étant le plus proche du verbe et qu'elle oppose au sujet le verbe et l'objet réunis. (Dans beaucoup de langues, l'objet est même appelé « complément »). Le langage ne donne aucune raison pour justifier cette interprétation erronée : il traite de la même façon objet et sujet et caractérise la différence de place au moyen de la déclinaison. C'est pourquoi le langage est à un niveau logique bien supérieur à celui de la logique pré-logistique, qui, avec sa stricte limitation de tous les jugements à la forme « sujet-prédicat », voulait ramener les fonctions propositionnelles à plusieurs variables aux fonctions propositionnelles à une seule variable, erreur de deux mille ans à laquelle notre grammaire doit sa forme artificielle et tout à fait insoutenable ».

L'unanimité des linguistes — et des psychologues — s'élèverait sans doute contre une telle réduction de la grammaire à la logique. Il nous suffira de renvoyer à MARTINET (*Éléments de Linguistique Générale*, Colin, 1963, pp. 122-145), selon qui tout énoncé se construit autour d'un *prédicat* ou *syntagme prédicatif*, exprimé par un nom, un adjectif ou un verbe, mais suppose, en outre, un *actualisateur* de prédicat, soit implicitement contenu dans ce dernier (en fr. « Interdit »), soit exprimé par un outil linguistique ad hoc (*Il y a* foule, *Il pleut*), soit enfin, — et c'est le cas le plus fréquent — impliqué par un *sujet*. « Ceci aboutit à rendre obligatoire un énoncé minimum à deux termes, dont l'un, qui désigne normalement un état de chose ou un événement sur lequel on attire l'attention, reçoit le nom de *prédicat*, et dont l'autre, dit *sujet*, désigne un participant actif ou passif, dont le rôle est ainsi en principe mis en valeur » (*op. cit.*, p. 124). Quant au sujet, « ce qui permet de l'identifier comme tel, et de le distinguer des compléments, c'est sa présence obligatoire dans un certain type d'énoncé : dans *les chiens mangent la soupe*... on ne peut pas plus supprimer *les chiens*... que le noyau prédicatif *mangent; la soupe*, au contraire, peut disparaître sans mutiler l'énoncé ni modifier l'économie de ce qui reste. C'est à juste titre qu'on désigne traditionnellement un tel segment comme « complément » (p. 125).

Il suit de là que tout ce qui, dans un énoncé, n'est ni sujet ni prédicat, constitue obligatoirement une *expansion*, soit du sujet (complément ou proposition déterminatifs), soit du prédicat (compl. direct, indirect, circonstanciel, prop. subordonnée), la phrase se définissant comme « l'énoncé dont tous les éléments se rattachent à un prédicat unique ou à plusieurs prédicats coordonnés » (p. 132. — Cf. de même SAPIR, *Language*, 1921, pp. 35-37).

Point n'est besoin de rappeler la hiérarchisation en constructions, qui intervient ici.

On a, d'autre part, relevé précédemment (p. 61) les affinités qui existent entre prédicat et verbe.

Revenant à l'objet premier de la présente note, nous dirons que, dans les phrases active et passive qui se correspondent, aussi bien les *prédicats* (relation et sa converse) que les *actualisateurs de prédicat* s'opposent.

dire la même chose, non plus que le *groupe des dirigeants* et les *dirigeants du groupe*. Conjointement avec le sens des mots importent donc les relations syntaxiques particulières qui s'établissent entre eux, et qui — les mots étant les mêmes — distinguent une construction d'une autre au point de vue du sens. Conjointement avec la *signification lexicale* d'un terme intervient la *signification fonctionnelle* qu'il tient de la *position* qu'il occupe (*functional meaning* de Bloomfield) [1].

Ce n'est pas à dire que les diverses constructions inventoriées par la syntaxe soient *définissables* en termes *sémantiques*. Elles ne le sont qu'en termes *formels*. Cependant, les sujets parlants en usent de façon raisonnablement systématique, pour l'expression de contenus de pensée relativement constants [2]. Ceci n'exclut d'ailleurs pas des utilisations multiples et divergentes, comme le montrent les expressions :

la grandeur de Dieu
l'intervention du roi
la destruction de la ville

où la construction génitive traduit évidemment des sens très différents [3].

Est-il possible d'aller plus loin? Pour rendre compte de cet *amalgame* de deux ou plusieurs significations lexicales en un tout informé par la structure syntaxique, Katz, Fodor et Postal ont fait appel à des *règles de projection (projection rules)* qui, à vrai dire, décrivent le phénomène plus qu'elles ne l'expliquent [4].

---

[1] On retrouve, évidemment, là l'équivalent de la notion logique de *couple ordonné* : (x,y).

[2] CHOMSKY, *Syntactic Structures*, pp. 101, 104.

[3] *La grandeur de Dieu* évoquant *Dieu est grand*, *l'intervention du roi* évoquant *le roi intervient*, et *la destruction de la ville* évoquant *on détruit la ville*. *L'amour de Dieu* est ambigu, évoquant au choix : *Dieu aime* ou *on aime Dieu*. Dans la perspective de Chomsky, toutes ces expressions se ramènent à des transformations par nominalisation. Cf. dans le même sens, le pénétrant article de Benveniste, 1966, pp. 140-148 : *Le génitif latin*.

[4] *Op. cit.*, 1963 et 1964. " To obtain such semantic interpretations, each lexical item in a string of formatives must receive a meaning on the basis of the semantic information in the dictionary. The projection rules then combine

Weinreich a noté, d'autre part, qu'aux liaisons grammaticales entre signes pouvaient correspondre deux types différents de combinaisons sémantiques, nommés respectivement *linking* et *nesting*. Dans le premier cas, le jumelage des signifiants s'inscrit en parallèle avec la somme ou le produit logique des signifiés : des *fleurs jaunes*. Dans le second, l'un des signifiés, de texture relationnelle, comporte un vide, harmonieusement rempli par l'autre : *sous l'eau, achète des fleurs* [1].

Il n'échappera pas au lecteur que nous retrouvons là, sur le plan sémantique, le corrélatif de l'opposition syntaxique entre constructions *endocentriques* et *exocentriques*. C'est par erreur, en effet, que Weinreich assimile la prédication à l'adjectivation et la range, comme celle-ci, dans le cadre du *linking* [2].

these meanings in a manner dictated by the syntactic description of the string to arrive at a characterization of the meaning of the whole string and each of its constituents. This process reconstructs the way in which a speaker is able to obtain a meaning for a sentence from the meanings of its lexical items and its syntactic structure. Thus the semantic component, if formulated correctly, provides an explanation of the speaker's ability to determine the meaning of any sentence, including ones wholly novel to him, as a compositional function of the antecedently known meanings of the lexical items in it " (1964, pp. 12-13; cf. pp. 18-27 et 39).

Cf. une critique de cette conception (remplacée par une autre, guère plus satisfaisante) chez U. WEINREICH, *Explorations in semantic theory*, dans T. A. SEBEOK, *Current trends in linguistics*, III, Mouton, La Haye, 1966, pp. 395-477, surtout pp. 393-416.

[1] U. WEINREICH, *On the semantic structure of language*, dans GREENBERG, 1963, pp. 114-171, surtout pp. 130 ss., et *Explorations in semantic theory, loc. cit.*, surtout pp. 417 ss. — Le second de ces travaux, qui vise à compléter et nuancer le premier, ne nous paraît pas — il s'en faut de beaucoup — en progrès sur celui-ci.

[2] La logique la plus élémentaire fait — comme le sens commun — une distinction essentielle entre :

Les oiseaux chanteurs (FG ou $\hat{x}(Fx.Gx)$) : *linking* selon la définition de W.

Les oiseaux chantent (F < G ou (x) (Fx→Gx)) : *nesting* (et non *linking* comme le prétend Weinreich).

Weinreich a bien senti les difficultés de sa position, mais il n'est pas parvenu à l'amender. Cf. *Explorations...*, pp. 423 et 428, n. 60 : " There may be some intuitive difficulties in viewing *subject-verb* constructions as instances of linking... If such doubts are justified, one would have to conclude that there is even less linking in language than the present paper assumes ".

Il est surprenant qu'un spécialiste de la sémantique n'ait pas compris ce que comportent d'irréductible la prédication, la proposition et l'assertion.

D'un point de vue plus général, et parlant davantage en psychologue, Hebb a relevé, comme condition essentielle des combinaisons sémantiques, une relative autonomie des processus conceptuels, ainsi que la capacité, pour l'individu, d'entretenir deux ou plusieurs d'entre eux au même moment, en l'absence de tout stimulus les provoquant [1].

Il nous reste à traiter de la phrase ou proposition, nous bornant à cette place au cas de la proposition déclarative. Elle comporte, nous le savons, *sujet* et *prédicat*, éventuellement ramifiés en *groupe nominal* et *groupe verbal*, le sujet désignant *ce dont on parle*, et le prédicat *ce qu'on en dit* [2]. Le sujet peut d'ailleurs être inexprimé, sous-entendu ou *montré*. Le prédicat, lui, est essentiel à la phrase, et il suffit à la constituer, moyennant toutefois une *actualisation* (Martinet) ou position dans la réalité sur laquelle nous allons revenir. C'est d'ailleurs par de tels mots-phrases que débute le langage enfantin.

L'analyse formelle traite la phrase comme une construction parmi d'autres, précisant seulement qu'elle est *une construction qui*

[1] D. O. HEBB - W. E. THOMPSON, *The social significance of animal studies*, dans G. LINDZEY, 1954, I, pp. 532-561. " Underlying syntactic behavior there must be a certain independence or autonomy of conceptual processes. Two or more concepts must be capable of being aroused simultaneously... and, as the term concept itself implies, they must be arousable by associative mechanisms in the absence of the sensory events that originally gave rise to them. That is, they are independent of any particular external environment and of each other... " " ... the intellectual development in phylogenesis that eventually makes speech possible is an increasing independence of the conceptual activity from the present sensory environment, and an increasing capacity for entertaining diverse conceptual precesses at the same time " (p. 539).

On lira, dans le même ordre d'idées, deux pages pénétrantes de LURIA dans *Disorders of Speech*, A Ciba Symposium, 1964, pp. 156-157. Citons : " If we carefully examine a phrase like : " on the branch of the tree there is a bird's nest " (Russian : *na vetkie dereva gnezdo ptitsy* or four nouns in different cases), it will become clear to us that the perception of this system is impossible whithout the most complex simultaneous synthesis of the four nouns which compose it, and that whithout this synthesis, the whole phrase falls into four disconnected designations " (p. 156).

[2] Cf. SAPIR et MEILLET (textes cités p. 89, n. 3), MARTINET, *op. cit.*, p. 122-127 et 130 (cf. plus haut, p. 91, n. 2). Les auteurs américains ont coutume de mettre en parallèle *sujet-prédicat* et *topic-comment* (cf. HOCKETT, *op. cit.*, pp. 201 ss.). — Ici, cependant, devrait s'instituer une discussion sur la discordance possible entre *sujet grammatical* et *sujet psychologique* (ou *topic*),

se suffit à elle-même. Comme telle, et quoiqu'elle trouve dans la *langue* ses modèles syntaxiques, elle est l'unité du *discours* [1].

Ces précisions entraînent, au point de vue sémantique, des conséquences capitales. Disposant du signe ou concept *ciel* et du signe *gris*, je puis, suivant la remarque de Hebb, les évoquer ensemble et former l'expression complexe : *un ciel gris*. Si je dis : *le ciel est gris*, je fais cela, sans doute, mais aussi beaucoup plus que cela. J'établis un rapport entre l'ordre des signes et l'ordre des choses, et formule une *assertion*, expression d'une *croyance*. « Lorsque des mots sont dits, ils *expriment* la croyance, et, s'ils sont vrais, ils *indiquent* un fait différent de la croyance » [2]. Il suit de là que vérité et fausseté ne qualifient une proposition qu'au niveau d'un métalangage (Carnap, Tarski). D'autre part, c'est en rigueur de termes la croyance qui est vraie ou fausse, et seulement par son entremise, l'assertion qui l'exprime [3].

Ainsi l'analyse sémantique de la phrase évoque-t-elle un problème capital de la logique, de l'épistémologie, et de la psychologie, celui des *attitudes propositionnelles* : doute, acceptation, refus, manifestations de la *croyance*. Concernant cette dernière, dont il cherche la racine dans les perceptions, habitudes et expectations animales, Russel écrit :

---

dont on trouvera les éléments dans JESPERSEN, *Philos. of Language*, pp. 145-156, et HOCKETT, *op. cit.*, pp. 201-203. Il est clair que, dans une phrase telle que : *That city I haven't seen* (dont on ne trouve pas d'équivalent en français), c'est *That city*, complément, qui constitue le *topic*, et *I haven't seen* le *comment*. L'extrême souplesse et variété de l'expression linguistique tient en échec toute règle tant soit peu générale.

[1] SAUSSURE, *Cours*, pp. 170-173 ; BENVENISTE, *op. cit.*, pp. 128-131.

[2] B. RUSSELL, *Inquiry into meaning and truth*, Londres, Allen, 1940, trad. Ph. DEVAUX, *Signification et vérité*, Flammarion, 1959, p. 23. Cf. p. 237.

[3] *Ibid.* Sur la vérité-fausseté et leur place dans un métalangage, cf. pp. 70 ss. Sur les propositions *pourvues* ou *dépourvues de sens (significance)* suivant qu'elles expriment ou non une croyance possible ("a spoken sentence is " significant " when there is a possible belief that is " expresses " p. 173), cf. p. 224. Sur les propositions, vraies ou fausses dans ce qu'elles indiquent, non dans ce qu'elles expriment (sauf le cas trivial du mensonge), cf. p. 246. Sur la vérité et la fausseté, caractères de la croyance, et seulement par emprunt, de l'assertion, cf. p. 244 ("the relation of a sentence to the fact that makes it true or false is indirect and passes through the belief expressed by the sentence. It is primarily the belief that is true or false." p. 210 du texte anglais).

« Dans toutes les recherches de ce genre, logique et psychologie se combinent. La logique montre le but à atteindre, mais la psychologie doit nous montrer comment y atteindre. Notre psychologie de la croyance, bien qu'elle doive dans ses conclusions se montrer capable d'embrasser les abstractions raffinées du logicien, doit à ses débuts être applicable aux animaux et aux jeunes enfants, et elle doit présenter les catégories logiques comme un développement naturel des habitudes animales. En ceci, nous recevons beaucoup d'aide de notre décision de prendre la croyance comme essentiellement prélinguistique et d'admettre que, quand nous exprimons une croyance à l'aide de mots, nous avons déjà franchi les étapes les plus difficiles qui séparent l'animal du logicien »[1].

Le même auteur ajoute, concernant les croyances *générales*, exprimées en *propositions universelles*, et lointainement issues d'expectations animales, invariablement comblées : « La psychologie que nous offrons dans ce chapitre, comme dans les précédents, est plus ou moins schématique et ne prétend pas être correcte dans les détails. Ce que nous prétendons, c'est que le quelque chose d'ordre général qui se trouve suggéré, est nécessaire en vue de passer des habitudes animales à ce que la logique requiert. L'exactitude de détail regarde le psychologue et doit dépendre de recherches assez éloignées de la théorie de la connaissance. Dans la mesure où il s'agit de psychologie, je suis satisfait si je puis persuader le psychologue de la nature et de l'importance des problèmes que j'indique »[2].

Les psychologues, ou du moins l'un des plus grands d'entre eux, n'avaient pas attendu cette invite pour poser dans toute son ampleur le problème capital de la croyance en relation avec le

---

[1] P. 286, trad. DEVAUX.

[2] P. 287. Quelque souci qu'il marque des continuités, il s'en faut que Russell soit aveugle aux différences. Cf. p. 291 : « D'un point de vue pragmatique, la différence essentielle est que la croyance à la loi générale, en tant qu'elle s'oppose à l'habitude animale, est *qu'elle peut influencer l'action en l'absence du stimulus* » (souligné par nous).

langage. L'ouvrage de Pierre Janet, *De l'angoisse à l'extase, étude sur les croyances et les sentiments* [1], constitue à cet égard, si peu de retentissement qu'il ait eu (mais sans doute est-il venu trop tôt), un κτῆμα εἰς ἀεί.

Dans les langues qui nous sont familières, le caractère assertif de l'énoncé est marqué par le verbe, qui remplit, de ce fait, une double fonction : « fonction cohésive, qui est d'organiser en une structure complète les éléments de l'énoncé; fonction assertive, consistant à doter l'énoncé d'un prédicat de réalité. La première fonction n'a pas besoin d'être autrement définie. Tout aussi importante, quoique sur un autre plan, est la fonction assertive. Une assertion finie, du fait même qu'elle est assertion, implique référence de l'énoncé à un ordre différent, qui est l'ordre de la réalité. A la relation grammaticale qui unit les membres de l'énoncé s'ajoute implicitement un « cela *est*! » qui relie l'agencement linguistique au système de la réalité. Le contenu de l'énoncé est donné comme conforme à l'ordre des choses. Ainsi la structure syntaxique de l'assertion finie permet de distinguer deux plans : le plan de la cohésion grammaticale où le verbe sert d'élément cohéreur et le plan de l'assertion de réalité, d'où le verbe reçoit sa fonction d'élément assertif. Le verbe, dans un énoncé assertif fini, possède cette double capacité » [2].

[1] Paris, P.U.F., 2 vol., 1926-1928. Voir surtout le tome I, 2ᵉ partie : *Les croyances*, pp. 201-398 et, pour une analyse de la pensée de Janet sur ce point, notre ouvrage : *Le problème de l'hallucination et l'évolution de la psychologie d'Esquirol à Pierre Janet*, Paris, Belles-Lettres, 1941, pp. 161-187.

[2] BENVENISTE, *Probl. de lingu. générale*, 1966, p. 154, © GALLIMARD. La même idée avait été exprimée par Suzanne LANGER, *Philosophy in a new key*, Harvard U. P., 1942 (qui renvoie à un article de 1927 du même auteur), p. 76 : " Verbs are symbols with a double function : they express a relation and also assert that the relation holds... Logically, they combine the meaning of a function φ, and an assertion sign; a verb has the force of " assert φ ( ) " ".
Et p. 281 : " In every proposition, there is at least one word—the verb—which has the double function of *combining* the elements named into one propositional form, and asserting the proposition, i.e. referring the form to something in reality. It is because of this implicit function of assertion involved in the very meaning of a true verb, that *every proposition is true or false* ".

Nous montrerions, si nous en avions la place, que l'inattention à cette double fonction du verbe dans le langage courant a conduit bien des logiciens

Précisons, cependant, que le *verbe*, entendu au sens de partie du discours et classe morphologique, n'est pas indispensable à l'assertion, et que la *fonction verbale* — si l'on entend par là la modalité assertive — peut être remplie, moyennant règles syntaxiques appropriées, par toute autre partie du discours. Notamment, à la différence du français qui verbifie, en quelque sorte, le nom prédicat par recours à la copule, les langues les plus diverses connaissent, comme on sait et comme on en a vu plus haut des exemples, la proposition nominale [1]. En indo-européen, celle-ci pose une assertion générale et intemporelle, tandis que la proposition verbale inclut les déterminations de personne, temps, aspect et mode, liées à la morphologie du verbe.

*   *
    *

Partis de la logique, et de son système de signes, épuré et simplifié, nous sommes passés aux complexités des langues humaines, sous leur double aspect syntaxique et sémantique. Il

à mal traduire dans ce langage les expressions de la logique. De ce point de vue, $\varphi x \vee \sim \varphi x$ doit s'entendre :

« *que x soit ou ne soit pas* φ » (proposition considérée, non affirmée)

et $\vdash \varphi x \vee \sim \varphi x$:

« *que x soit ou ne soit pas* φ, *est affirmé* » ou équivalemment : « *x est ou n'est pas* φ ».

La confusion est particulièrement désastreuse lorsqu'intervient l'implication matérielle : $p \rightarrow q$, où le $\rightarrow$ désigne une *opération* (équivalente à $\sim p \vee q$) et qui ne devient une assertion que moyennant l'adjonction de $\vdash$. Cf. là-dessus H. B. CURRY, *Leçons de logique algébrique*, Louvain, Nauwelaerts, 1952, pp. 62 ss.

Comme le note très exactement Suzanne Langer, le verbe à l'indicatif correspond aux symboles jumelés : $\vdash \varphi ( )$.

[1] Sur celle-ci, et particulièrement sur l'usage qu'en fait l'indo-européen, voir le très bel article de BENVENISTE, *op. cit.*, pp. 151-167 : *La phrase nominale*. Sur les solutions diverses du problème de la copule (notamment par pronom) dans d'autres langues, voir, dans le même ouvrage, le chap. XVI, pp. 187 ss.

resterait à chercher quels rapports les relient, et dans quelle mesure la logique des systèmes classiques sous-tend la langue [1].

La logique distingue des *signes descriptifs* (individus, propriétés, relations, représentés respectivement dans ses expressions par les variables x, y...; F. G...; R, S...) et des *signes logiques* : opérateurs (∼, ∨, . , →, ↔), quantificateurs ((x), Ex), asserteur (⊢), parenthèses et guillemets [2]. Elle prend soin, d'autre part, de stratifier langages et métalangages.

Cette stratification n'est pas explicite dans les langues naturelles. Il n'y a pas non plus de parallélisme strict entre les classes de signes distinguées par la logique et les parties du discours, quoique le verbe, nous l'avons dit, cumule d'ordinaire les fonctions de prédicat et d'asserteur, et que les connectifs logiques se présentent volontiers sous les espèces de *markers (et, ou, si)*. Hors de là, cependant, la plus grande diversité règne, rançon d'une extraordinaire souplesse et fertilité d'expression.

Dans une phrase telle que :

> *The farmer kills the duckling (le fermier tue le canneton)*,

Sapir ne distinguerait pas moins de treize concepts interreliés [3]. Il signalait, d'autre part, comme surprenante à l'extrême,

---

[1] Cf. sur cette question, dont Benveniste soulignait l'intérêt primordial (*op. cit.*, pp. 14 et 115 ss.) : A. Sechehaye, *Essai sur la structure logique de la phrase*, Paris, 1926; H. Reichenbach, *Elements of symbolic logic*, McMillan, 1947, ch. VII : *Analysis of conversational language;* U. Weinreich, *On the semantic structure of language*, dans Greenberg, 1963, pp. 114-171.

[2] Cf. R. Carnap, *Introduction to symbolic logic and its applications*, Dover, 1958, pp. 6; 16-17; 39-42; 98-99. " Descriptive signs are those constants which serve to refer to objects, properties, relations, etc. in the world; they include the individual constants, the predicates, and the sentential constants. Logical signs include all the variables and logical constants. Logical signs do not themselves refer to something in the world (the world of things has nothing like negation, disjunction, etc.); rather, they bind together the descriptive constants of a sentence and thereby contribute indirectly to the sense of a sentence " (pp. 16-17).

Cf. dans le même sens, Russell, *op. cit.*, ch. 4, 5 et 14 qui cherche l'origine psychologique des termes logiques dans les *attitudes propositionnelles*, par exemple le refus pour la négation, l'hésitation pour la disjonction, etc.

[3] *Language*, p. 88.

l'absence de toute concordance entre *fonction* et *forme*. « La suffixation est utilisée pour désigner des éléments tant dérivationnels que relationnels [-er, -ling, -s]; des mots indépendants ou des radicaux expriment, soit des idées concrètes (objets, activités, qualités), soit des relations (articles comme *the* et *a*; mots désignant des relations casuelles, comme *of, to, for, with, by*, ou locales, comme *in, on, at*); la même notion relationnelle peut être exprimée plus d'une fois (ainsi, la singularité de *farmer* exprimée négativement dans le nom, et positivement dans le verbe); enfin, un élément peut évoquer un groupe de concepts intriqués plutôt qu'un seul à l'état pur (ainsi du -s de kills qui concentre en lui quatre relations logiquement indépendantes) »[1]. L'étonnement ne ferait que grandir si l'on comparait l'expression d'une même idée dans des familles de langues différentes[2].

Cela n'empêche pas que l'on puisse traduire une langue en une autre, et que ce que toutes expriment par les moyens les plus divers, s'accommode d'une formulation rigoureuse dans les expressions de la logique, laquelle — en accord avec la grammaire générale qu'elle domine — devrait donc fournir les *invariants sémantiques* nécessaires à toute comparaison des langues[3].

---

[1] *Ibid.*, p. 89. Cf. pp. 57-61 et 82-89.

[2] Tel est le propos de Weinreich *(op. cit.)* qui cherche le sort fait par les diverses langues aux notions essentielles définies par la logique. Il distingue, de ce point de vue, des *designators* (correspondant aux *descriptive signs* de Carnap), signes d'individus, de propriétés ou de relations, et des *formators* (comprenant les *logical signs*) : opérateurs propositionnels, quantificateurs, opérateurs syntaxiques (ordre des mots, accord, répartition des *designators* en classes spécialisées, aspects de la flexion), opérateurs métalinguistiques (définition, citation, attribution de vérité/fausseté), enfin — mais ceci est propre au langage, à l'exclusion de la logique — opérateurs pragmatiques (assertion, ordre, question, souhait) et déictiques (personne, temps, lieu).

Le même fait sémantique peut correspondre aux moyens grammaticaux les plus divers, par ex. une question à une intonation (« tu viens? »), une inversion (« viens-tu? ») une particule (« Est-ce que tu viens? »).

Il existe, d'autre part, des signes mixtes, qui cumulent une double fonction, par ex. *mais*, qui marque la conjonction (« et » connectif logique) et la surprise (composante pragmatique).

[3] Cf. JAKOBSON, dans GREENBERG, *op. cit.*, p. 218 et *Essais de L. G.*, pp. 78-86; WEINREICH, *op. cit.*; BENVENISTE, *op. cit.*, pp. 115-118; et sur la traduction : G. MOUNIN, *Les problèmes théoriques de la traduction*, Paris, Gallimard, 1963.

Les deux types de propositions élémentaires partout présentes :
    sujet-verbe
    sujet-verbe-objet
trouvent leur contrepartie dans les *formules propositionnelles* :
    F x
    R x y (ou : x R y)
cependant que les jugements d'existence :
    (Ex) Fx
correspondent aux formulations variées :
    Il y a rassemblement (angl. *There is...*,
                                    all. *Es gibt*)
    On se rassemble
    Il en est parlé (ital. *se ne parla*)
enfin aux impersonnelles, qui ont fait couler tant d'encre :
    il pleut (= il y a pluie) [1].

Et dans des énoncés plus complexes, il suffit de remplacer les éléments lexicaux par des mots fictifs jouant le rôle de variables, pour qu'apparaisse une structure formelle, proche parente de celle de la logique, quoique notablement moins abstraite [2]. Mais la logique elle-même n'a-t-elle pas progressé sans cesse en abstraction dans son cheminement vers la notion de système formel?

* * *

N'oublions pas, toutefois, que le langage a d'autres fonctions que déclaratives, et qu'au sein même du discours déclaratif se découvre un système particulier de signes qui ne souffrent nulle

---

[1] Ce sont là les cas de pure *actualisation* du prédicat, sans intervention d'un sujet, dont parle MARTINET (cf. *supra*, p. 92, n. 1).

[2] Cf. *supra*, p. 50, n. 1, la strophe de Jabberwocky. Il y subsiste des éléments concrets : le passé marqué par le *temps*, la contenance marquée par *in*, qui est un *impure marker*, etc.

transposition dans le symbolisme logique. Ce sont ceux que l'on décrit d'ordinaire comme solidaires de la *deixis*, mais qu'avec plus de profondeur, Benvéniste a caractérisés comme porteurs de la subjectivité dans le langage [1].

Un exposé logique, scientifique, voire historique se formule entièrement à la *troisième personne*, laquelle est en réalité une *non-personne*, évocatrice de n'importe quelle réalité objective, animée ou inanimée. Au contraire, on ne conçoit pas de discours ou dialogue sans que locuteur et allocuté s'imposent par l'entremise du *je* et du *tu*. Sans doute s'agit-il alors de *discours* et de ce que l'on peut considérer comme une composante *pragmatique* de ce dernier. C'est la *langue*, cependant, qui fournit les moyens souhaités. « Le langage est... la possibilité de la subjectivité, du fait qu'il contient toutes les formes linguistiques nécessaires à son expression, et le discours provoque l'émergence de la subjectivité, du fait qu'il consiste en instances discrètes. Le langage propose en quelque sorte des formes « vides » que chaque locuteur en exercice de discours s'approprie et qu'il rapporte à sa « personne », définissant en même temps lui-même comme *je* et un partenaire comme *tu* » [2].

C'est donc « dans et par le langage que l'homme se constitue comme *sujet* », c'est-à-dire « comme l'unité psychique qui transcende la totalité des expériences vécues qu'elle assemble, et qui assure la permanence de la conscience » [3], par le langage encore

---

[1] Voir sur ce sujet : K. BÜHLER, *Sprachtheorie*, Fisher, Stuttgart, ouvrage fondé tout entier sur l'opposition du *Zeigfeld (Ich - hier - jetzt System)* et du *Symbolfeld* du langage; RUSSEL, *op. cit.*, ch. 7 : " *Egocentric particulars* "; JAKOBSON, *Shifters, verbal categories and the russian verb*, Harv. Univ., 1957, traduit dans *Essais de Lingu. Génér.*, pp. 176-196 (" Shifters " rendu en français — de façon peu heureuse — par « *embrayeurs* »); BENVENISTE, *op. cit.*, *L'homme dans la langue*, ch. 18 à 23, en particulier ch. 18, 20 et 21, ce dernier intitulé : *De la subjectivité dans le langage*. — On rapprochera de ces notations la classification qu'Ombredane présentait dans ses cours, des différents types de psychologie. À la psychologie à la première personne *(psychologie de conscience)* et à la deuxième personne *(entretien psychanalytique)* s'oppose la psychologie à la troisième personne, seule objective et scientifique.

[2] *Op. cit.*, p. 263 (© GALLIMARD). Cf. aussi le texte cité, p. 84, n. 3.

[3] *Ibid.*, pp. 259-260.

que se constitue, corrélativement et par voie de contraste, la personnalité de l'*autre* auquel *je* s'adresse électivement sous la mention du *tu*, par le langage enfin, qu'est rendu possible, entre *je* et *tu* un mode de *communication* typiquement humain.

C'est encore dans le sillage du *je* (éventuellement du *tu*) que s'introduisent les termes *déictiques* dont la composante ostensive est liée à l'actuelle instance de discours : démonstratif (*ce*, lat. *hic/iste*), indicateurs de lieu et de temps (*ici, maintenant*, et leurs dérivés : *devant, derrière, à droite, à gauche; hier, aujourd'hui, demain*).

Enfin l'indication de *personne* se transfère au verbe, qu'elle fait « conjuguer ». Si celui-ci inclut la mention de l'aspect ou du temps, il s'agit encore une fois d'un temps relatif à l'intervention verbale du locuteur : sera noté comme passé ou futur ce qui précède ou suit l'acte de parole de ce dernier [1].

L'intrusion de la subjectivité dans le langage entraîne maintes autres conséquences, que nous ne pouvons qu'évoquer. Les propositions du type : *je crois qu'il est parti, je conclus qu'il n'en est rien*, qui avaient longuement préoccupé Russell, ne sont pas superposables aux énonciatives formulées à la troisième personne : *il croit..., il conclut...*, mais aux propositions simples : *il est parti, il n'en est rien*, affectées d'un indice marquant l'attitude du locuteur. C'est aussi l'intervention de la première personne qui donne aux énoncés *performatifs*, sur lesquels les philosophes analytiques d'Oxford ont tant insisté (« je jure... », « je m'engage... », etc.) leur portée d'actes, qui fait entièrement défaut aux autres personnes.

Nous clorons cette section en revenant aux significations

---

[1] Il faut, sans doute, faire une exception pour le *récit historique*, qui comporte une temporalité spécifique, organisée autour de l'aoriste : « temps de l'événement hors de la personne du narrateur » (p. 241 — cf. p. 244 : « le repère temporel du parfait est le moment du discours, alors que le repère de l'aoriste est le moment de l'événement »), les relations d'antériorité et de postériorité se marquant relativement à celui-ci — en français — par le passé antérieur et le futur « prospectif », l'imparfait et plus-que-parfait, communs au discours et au récit, y comportant pareillement des références différentes.
— Cf. l'admirable analyse : *Les relations de temps dans le verbe français* (op. cit., ch. 19, pp. 237-250).

lexicales et rappelant quelques-unes des lois qui gouvernent tant leur naissance que leur évolution [1].

Si beaucoup de mots sont devenus opaques dans nos langues, et liés arbitrairement à leurs signifiés, comme le notait Saussure, il faut cependant reconnaître qu'à la *création* de nombreux termes préside une motivation, soit phonétique (onomatopées), soit morphologique (dérivation, composition, généralisation analogique), soit enfin sémantique (métaphore, métonymie). Mais il est vrai que cette transparence initiale s'obscurcit dans la suite. Qui, parlant de *moineau*, pense encore à un « petit moine »?

D'autre part, le sens des mots évolue sous l'effet de facteurs multiples, dont deux, parmi les plus importants, sont d'essence psychologique : l'association par contiguïté et l'association par ressemblance.

La première est à l'œuvre dans la *synecdoque* et la *métonymie*, qui font substituer la partie au tout (*voile* pour bateau), le contenant au contenu (un *verre* de vin), l'instrument à l'action (*langue* pour idiome)

La seconde donne naissance à la *métaphore*, dont le rôle dans l'évolution de la langue ne peut être assez souligné. Maintes expressions relatives au corps humain sont étendues aux objets inanimés (cf. les *pieds* d'une table, les *dents* d'une scie, à la *tête* du pays) et maints termes concrets à des notions abstraites (ex. *comprendre, saisir, to grasp, capire*). Des transferts par *synesthésie* s'opèrent, d'autre part, d'un domaine sensoriel à un autre ou à un secteur non sensoriel (son grave ou aigu; ton glacial; couleur criarde; sentiment chaleureux). Ainsi le rapport entre signifiants et signifiés se déplace-t-il sans cesse. Ainsi se créent,

---

[1] C'est là l'objet d'étude de la *sémantique linguistique*, dont les initiateurs sont A. Darmesteter (*La vie des mots*, Paris, 1886) et M. Bréal (*Essai de sémantique*, Paris, 1897) et les maîtres principaux : H. Sperber (*Einführung in die Bedeutungslehre*, Bonn-Leipzig, 1923), G. Stern (*Meaning and change of meaning*, Göteborg, 1931), S. Ullmann (*Principles of Semantics*, Glasgow-Oxford, 1951, 1957²; *Précis de Sémantique française*, Berne, 1952). — Cf. les excellentes initiations de P. Guiraud, *La Sémantique*, P.U.F., 1955, 1964⁴ et S. Ullmann, *Semantic Universals*, dans Greenberg, 1963, pp. 172-207.

à côté d'*homonymies* accidentelles, des *polysémies* que seul le contexte permettra de réduire. D'où la notion d'un *sens contextuel* opposé au *sens de base*, ce dernier, en des cas extrêmes (*chose, faire, opérer*, etc.) réduit à presque rien.

Enfin, dans les trente dernières années, la sémantique est passée de la diachronie à la synchronie, et de l'examen des termes isolés à l'analyse des vocabulaires dans leur *structure* d'ensemble. Il est apparu que, loin que les mêmes objets, constitués une fois pour toutes, s'imposent à l'attention de tous, chaque langue nomme et taille dans l'étoffe du réel les signifiés qui lui conviennent. Solidaires les uns des autres, ils s'organisent en systèmes. Ainsi se constituent, à l'occasion d'un même secteur (couleurs, parentés, connaissance, valeurs) des champs lexicaux (Trier, 1931) qui varient avec les langues, les sociétés et les époques [1]. Conclusion relativiste qu'avait déjà indiquée Saussure, et qui rejoint celle qu'inspirait à Sapir et à Whorff leur comparaison des grammaires : la nature est disséquée par nous suivant les lignes que trace notre langue natale [2].

---

[1] Il est remarquable que des champs sémantiques, non superposables de langue à langue, affectent la terminologie même de la linguistique. *Langue* et *Parole*, dans leur acception saussurienne, n'ont d'équivalent exact ni en anglais ni en allemand et y sont transcrits le plus souvent entre guillemets. Cf. sur cette question : A. GARDINER. *The theory of Speech and Language*, Clarendon, 1962 [2], pp. 106-109. L'auteur, partisan décidé de l'opposition saussurienne qu'il rend par celle de *Language* et *Speech*, remarque cependant : « French stands alone in possessing a word *langage*... which, being neither a collective [entendez : a collective name for an organized system of knowable linguistic facts] nor the name of an action, can serve as a wider and vaguer term embracing both « language » (Fr. *langue*) and « speech » (Fr. *parole*) – (p. 108. – Cf les expressions : *the english language, the languages of the earth*).

[2] Remarque de Ullmann, 1963, p. 199. Cf. SAPIR, 1921 et 1949, notamment pp. 156-159 et 161-162; WHORFF, 1956; BENVENISTE, 1968, pp. 25 ss., et sur les développements récents de la *sémantique structurale*, discipline en plein essor : GUIRAUD, *op. cit.*, ch. V, pp. 73-93 et ULLMANN, *Principles of semantics*, pp. 152 ss. et 309 ss.

CHAPITRE IV

LES FINS DU DISCOURS

Nous venons de dire brièvement en quoi consiste la *langue*, système de signes (Saussure), système de règles permettant de jumeler ces signes et de les ordonner en phrases (Sapir-Chomsky). Voyons maintenant à quelles fins la langue est actualisée dans la *parole* et mise à contribution dans les phrases du discours.

La tradition behavioriste répond : à des fins de communication, et ce point de vue s'est perpétué dans les études récentes qui analysent le langage dans le cadre de la théorie mathématique de la communication [1]. L'acte de parole y est conçu comme *message*, transcrit dans un *code* : la *langue*, que possèdent en commun *émetteur* et *récepteur*. Émission et réception supposent donc, aux divers niveaux phonémique, morphémique et syntaxique, des opérations respectives *d'encodage* et *décodage*.

[1] Cf. là-dessus JAKOBSON, 1963, ch. V : *Linguistique et théorie de la communication*, pp. 87-99, et aussi pp. 28-34 et 114-220.

Sans nier l'intérêt de cette vue, ni les résultats fructueux auxquels elle a conduit, il faudra voir si elle va au fond des choses. La première remarque qui s'impose, c'est que la *communication*, entendue au sens, non plus mathématique, mais psychobiologique, se matérialise en comportements de nature et de niveaux fort divers. Hebb distingue à cet égard les modes *réflexe (reflexive)*, *intentionnel (purposive)*, enfin *représentatif* et *syntaxique (representational-syntactic)*, ce dernier seul méritant au sens strict le nom de langage [1]. Peut-être faut-il réserver une place supplémentaire à la communication *émotionnelle*, que d'autres, cependant, préféreront distribuer entre les trois types susdits.

Dans la communication réflexe, une réaction visible ou audible de l'animal déclenche chez les congénères, *sans prescience ni intention de sa part*, une conduite définie, liée rigidement à cette réaction, comme à un *signal*. Ainsi aux cris respectifs de *kiô* et *kia* proférés par un choucas, les autres s'envolent-ils avec lui, soit vers leur refuge habituel, soit loin de celui-ci [2]. Ainsi encore les abeilles, alertées par la danse de l'une d'entre elles revenant d'une source de miel, se rendent-elles en masse à cette dernière, en tenant compte de la direction et de la distance inscrite dans le « message » [3].

Le « langage » des abeilles, génialement déchiffré par von Frisch, représente, dans la direction des invertébrés, ce qui, à maints égards et du point de vue des résultats obtenus, rappelle le plus le langage humain. En réalité, cependant, ce n'est pas un vrai langage, fait de signes et morphèmes librement combinables, mais, comme l'a montré Benveniste, un *code* excessivement

---

[1] 1954, p. 539.
[2] Cf. LORENZ, 1952, pp. 76-91 : *The language of animals*. Lorenz situe ces réactions dans le cadre de ce que nous nommerons, nous, la communication émotionnelle. Il parle d'" innate ways for expressing feelings " et d'" innate ways of reacting to these signals ", d'un " mood of the bird " qui se fait " mood infectious ". Il insiste, cependant, sur l'absence de tout " conscious command ", de toute intention d'influencer le partenaire, les cris en question étant émis même si l'animal est seul.
[3] VON FRISCH, 1950.

compliqué et raffiné de signaux [1]. Il s'agit-là, à toute évidence, de signaux innés. A ceux-ci, le conditionnement et le renforcement superposent, chez maints animaux plus ou moins proches de l'homme, des signaux acquis. Le nombre des gestes ou formules verbales auxquels, par dressage, répond discriminativement un chien ou un singe, est quasiment sans limite [2].

Dans la réaction émotionnelle, entendue au sens strict, des tensions toniques de la musculature lisse ou striée se résolvent en secousses cloniques : rires, sanglots, trépignements, etc. Ces épisodes *autoplastiques* affectent, à des degrés divers, le corps, les membres, le visage, le regard, enfin, les organes respiratoires et vocaux, dont, à titre de sous-produit, elles extraient le cri. Moins intense, l'émotion se confine dans les muscles ténus de la face. Son ultime refuge est le regard. Le cri, d'autre part, fait place aux modulations, davantage nuancées, qui conduiront au chant.

On sait que l'émotion, phénomène éminemment spectaculaire et sonore, provoque normalement chez les congénères des réactions, soit apparentées, soit complémentaires. Le mécanisme du signal suffit-il à les expliquer? A des niveaux élémentaires, le bâillement provoque le bâillement, le sourire le sourire, le fron-

---

[1] Cf. BENVENISTE, *Communication animale et langage humain*, dans *Problèmes de lingu. gén.*, 1966, GALLIMARD, pp. 56-62. La différence « se résume dans le terme qui nous semble le mieux approprié à définir le mode de communication employé par les abeilles; ce n'est pas un langage, c'est un code de signaux. Tous les caractères en résultent : la fixité du contenu, l'invariabilité du message, le rapport à une seule situation, la nature indécomposable de l'énoncé, sa transmission unilatérale » (p. 62). Par contraste, le langage humain se prête à tout dire par libres combinaisons de *morphèmes*, eux-mêmes composés de *phonèmes*. L'intervention linguistique de l'un des locuteurs provoque, chez l'autre, une réponse soit motrice, *soit linguistique* (dialogue). Enfin le message reçu peut être répété à d'autres et transmis indéfiniment dans le temps et dans l'espace.
Avec des considérations plus sommaires, HEBB (*op. cit.*, p. 538), range lui aussi la danse des abeilles dans la communication réflexe.

[2] Le chien est davantage auditif, le singe davantage visuel, ce qui explique qu'il comprend moins bien les ordres vocaux que le chien, et que, pourvu d'un appareil vocal analogue à celui de l'homme, et possédant d'ailleurs un répertoire de 15 à 20 cris innés, liés à la nourriture, au rire, à la colère, à la peur, etc., il soit si difficile de le dresser à prononcer des mots. Cf. NISSEN, 1947, pp. 552 ss., HARLOW, 1951, et HAYES, 1951.

cement des sourcils la défiance, suivant un mécanisme réflexe, où l'on peut penser que la conscience n'a guère de part. Dans l'émotion caractérisée, des affects *sui generis* accompagnent les tensions et décharges de la joie, de l'angoisse, de la colère, etc. L'individu qui rit ou sanglote apprécie de se sentir objet d'attention. Il se donne en spectacle et se délivre de ses affects dans la mesure où il les sent partagés. Il semble que s'établisse ainsi, au niveau du comportement émotionnel et de la conscience affective ou protopathique (Head) qui l'accompagne, un mode original de communication. Au signal et à la décharge se superpose, *l'expression*.

Au point où nous sommes, il importe à nouveau de distinguer l'inné de l'acquis. L'inné implique adhérence parfaite de l'expression et de l'affect. Au-delà et par intervention de la loi de l'effet, il se peut que l'individu cède à l'exhibition et entretienne la composante expressive au-delà de ce que commanderait l'état interne. Il se peut même qu'en l'absence d'un affect déterminé, mais voulant donner à croire qu'il le ressent, il impose artificiellement à son corps, son visage, son regard, sa voix, ce qu'il croit être le revêtement expressif de cet affect. Ainsi se constituent les *pantomimes* et les *mimiques*, lesquelles ressortissent décidément au mode de communication intentionnel, voire représentatif [1].

De tels phénomènes de *bluff* (colères simulées) ont été signalés chez les chimpanzés [2]. Dans les sociétés humaines, on sait à quel point les expressions corporelles ou faciales, authentiques ou surtout affectées, varient avec les cultures et se plient à des conventions qui les apparentent à un vrai langage. Le bébé qui sourit à sa mère *exprime* une élation authentique. Le sourire de

---

[1] Sur les mimiques, voir l'excellent exposé de G. DUMAS, dans le *Nouveau traité de Psychologie*, t. III, 1933, pp. 291-360.

[2] Cf. NISSEN, 1951, p. 450. On trouvera chez cet auteur, qui a longuement observé les chimpanzés, non seulement dans la colonie *d'Orange Park*, mais dans leur milieu naturel, en Afrique, un excellent exposé de l'émotionalité chez les anthropoïdes. D'une mobilité extrême, elle se marque par tout un répertoire de cris différenciés, mais plus encore par des mimiques et gestes des plus variés auxquels les congénères se montrent extraordinairement réceptifs. L'auteur note bien qu'il s'agit-là d'une fonction purement *expressive*, et nullement — sauf dans le cas de bluff — *directive*.

politesse par lequel j'accueille un indifférent, entend *signifier* que je lui veux du bien. En combien d'occasions, le baiser et la poignée de mains gardent-ils souvenir de leur origine : l'étreinte sexuelle? Et qui, se découvrant pour saluer une dame, se rend compte qu'il répète le geste des guerriers d'Homère, déposant leur casque pour se rendre à merci? [1].

La communication intentionnelle, à laquelle nous arrivons maintenant, suppose une volonté délibérée d'influencer le partenaire et de l'amener à certains actes. Elle est moyen en vue d'une fin. Moyen non plus inscrit dans le psychisme de l'animal, comme l'était originellement le signal ou l'expression émotionnelle, mais acquis et utilisé par compréhension et *insight*.

Sa manifestation la plus élémentaire consiste, sans doute, dans l'*appel*, assuré par cris ou par gestes. On se rappelle l'initiative du chien de Lorenz, qui, pressé de sortir la nuit, se jette sur son maître endormi pour l'éveiller et se faire ouvrir la porte [2]. Plus impressionnante encore est l'observation reprise par Janet à Forel : « Un paysan qui était accompagné de son chien, a été enseveli par une avalanche, le chien fait d'abord des efforts désespérés pour le dégager en grattant la neige; puis il s'élance au galop, parcourt 16 kilomètres en peu de temps, et se précipite dans la maison du frère de la victime. Il aboie après lui, mord dans ses vêtements et le tire violemment dans le chemin, le frère finit par comprendre, arrive sur les lieux et finit par sauver le maître du chien » [3].

A l'appel peut se jumeler la *monstration*, dont nous reprendrons deux exemples à Nissen [4]. « Un chimpanzé mâle, ayant découvert un groupe d'êtres humains cachés dans une retraite

---

[1] De même, faire le salut militaire, c'est originellement lever les mains nues, après avoir jeté ses armes.
[2] LORENZ, 1952, p. 83. Cf. *supra*, p. 79, n. 2.
[3] JANET, 1936, p. 105.
[4] 1947, p. 552. Cf. d'autres exemples (notamment celui du chimpanzé de YERKES, montrant sa dent malade au médecin), p. 79, n. 2.

naturelle, immédiatement s'élance en hâte vers un arbre élevé sur lequel une femelle et son petit, qui étaient soumis à observation, sont au repos. Il grimpe à l'arbre et, avec ses mains, tourne le tronc, puis la tête de la femelle jusqu'à ce qu'elle regarde droit vers l'abri. Puis il descend de l'arbre avec le petit, la femelle le suivant, et tous trois disparaissent en silence dans la forêt ». « Jack, un chimpanzé adulte en cage, a une érection et, comme un observateur vient à passer, il frappe du pied contre la cage adjacente où se trouve une femelle réceptive; en même temps il fait claquer ses lèvres et pointe du doigt à travers le treillis vers le cadenas qui tient la porte fermée. » On sait l'usage généralisé (et à vrai dire, notablement plus abstrait) que l'homme a fait de ce geste de *montrer du doigt*.

A un troisième stade interviennent les *invites* et *commandements*. L'animal entreprend ou mime en présence du partenaire le début de l'action souhaitée. Lorsque — dans l'expérience bien connue de Crawford [1] — deux chimpanzés ont appris à coordonner leurs efforts pour tirer au moyen d'une corde une lourde boîte, ce dont ils sont récompensés par une nourriture, si l'un des partenaires a été nourri au préalable, l'autre, encore à jeun, « essaye de persuader son compagnon de se mettre au travail, posant la main sur son épaule, le guidant vers le côté utile de la cage, et alors lui mettant la corde en main »[2]. On se souvient que le jeune Victor de l'Aveyron usait en virtuose de ce genre de pantomimes. S'il désire être voituré en brouette, « il prend quelqu'un par le bras, le conduit dans le jardin, et lui met entre les mains les branches de la brouette, dans laquelle il se place aussitôt; si on résiste à cette première invitation, il quitte le siège, revient aux branches de la brouette, la fait rouler quelques tours, et vient

---

[1] 1937.
[2] Nissen, *loc. cit.* Citons encore le geste de mendier de la nourriture, si fréquent chez les chimpanzés, et auquel le partenaire répond en général positivement, fût-ce avec mauvaise humeur. Nous avons nous-même observé dans une colonie de cynocéphales récemment capturés, à Stanleyville dans l'ancien Congo Belge, ces animaux allégeant leur angoisse en mâchonnant des matières fécales, et l'un déféquant lorsque l'autre tendait la main sous son anus.

s'y placer de nouveau, imaginant sans doute que si ses désirs n'ont pas été remplis, c'est faute de les avoir manifestés clairement » [1].

Nous sommes ici au point où la communication intentionnelle confine au langage représentatif, et où l'action mimée va se détacher de l'action réelle, qu'elle se chargera de *représenter*. « Ainsi se constitue une sémiologie naturelle du comportement qui donne naissance à un langage dès l'instant où le moment signifiant est reproduit en dehors de l'action, dont il n'est primitivement qu'un épisode initial, en dehors de l'émotion dont il n'est qu'une manifestation visible. Exprimer l'émotion qu'on n'éprouve pas, esquisser l'acte qu'on n'accomplira pas, gestes de langage qui tendent à se simplifier jusqu'à paraître conventionnels, mais dont les racines se retrouvent toujours dans la sémiologie des affections et des actions humaines » [2].

« Un tel langage se développe comme un jeu où le geste significatif participe constamment de l'action qu'il mime, langage privé des économies et des raffinements de l'abstraction, mais langage fidèlement représentatif où le nom est vraiment « l'essence de la chose », puisqu'il reproduit, dans le mouvement de leur génération et de leur succession, des attitudes et des conduites.

Ici l'effort sémantique est réduit au minimum, l'abstraction nominale et le grammatisme propre à nos langues orales modernes n'existent pas » [3].

Dans un ouvrage bien oublié, mais dont la richesse d'information le dispute à la profondeur des analyses [4], Wundt a décrit l'évolution de ce langage gestuel, depuis les mouvements d'ex-

---

[1] MALSON, 1964, p. 168. Cf. d'autres exemples, p. 29, n. 2.
[2] OMBREDANE, 1933, p. 365.
[3] *Ibid.*, p. 366.
[4] W. WUNDT, *Die sprache*, 2v., KRÖNER, Stuttgart, 1900^1, 1911^2 (revu), 1921^4, t. 1, pp. 1-257. Le dernier état de la pensée de Wundt sur le langage se trouve dans le *Grundriss der Psychologie*, 13e éd., 1918, pp. 367 ss. Wundt note avec profondeur que ce langage des gestes, tout imparfait qu'il soit ou plutôt justement parce qu'imparfait et *naturel*, est le plus instructif à étudier pour le psychologue (I, p. 256).

pression où il plonge ses racines jusqu'aux aspects complexes qu'il revêt chez les sourds-muets, les Indiens d'Amérique, les Napolitains et les moines cisterciens, en passant par les formes plus naturelles et immédiatement intelligibles qui se font jour chez tous, soit quand l'échange vocal n'est pas possible, soit — en particulier chez l'orateur et chez l'acteur — à titre d'accompagnement expressif, descriptif ou symbolique de ce dernier. La mimique du visage et les inflexions de la voix trahissent le retentissement émotif du message. Les gestes suggèrent l'action et — à défaut de pouvoir le *montrer* — évoquent l'objet en le dessinant ou façonnant dans le vide, ce qui conduira aux représentations graphiques et plastiques. Plus tard, une partie caractéristique de l'objet servira à suggérer le tout (par ex. les oreilles d'un âne, l'âne tout entier). Enfin interviendront des *symboles* comme le signe de croix ou le salut, et des *signes* totalement conventionnels, tels que le balancement de la tête d'arrière en avant : affirmation en Occident, négation en Orient.

Devenu *représentatif*, ce langage gestuel est aussi *syntaxique* : des morphèmes s'y organisent en propositions. A l'expression d'un état affectif, il joint l'indication éventuelle de sa cause. En jumelant l'évocation d'une action (par ex. soulever) et celle de son objet (par ex. une table), il rend possible des invites sur mesure et indéfiniment renouvelées, à la différence du « langage » des abeilles, dont chaque message est, nous l'avons vu, indécomposable. Enfin, issu des expressions émotionnelles et intentionnelles, et les prolongeant, il se prête, à son terme, à la formulation d'assertions : je puis faire suivre l'évocation d'une table de l'indication de sa place, équivalent gestuel de la proposition : la table est là [1].

Sans doute, la syntaxe qui joue ici est-elle purement linéaire, et dépourvue de la structuration en profondeur que nous avons

---

[1] LENNEBERG, 1967, p. 140, note que des enfants sourds-muets de 2 ans ou plus ont une excellente communication avec l'entourage et " become very clever in their pantomime and have well-developped techniques for communicating their desires, needs, and even their opinions ".

vu intervenir dans le langage vocal. De part et d'autre, cependant, s'impose la loi signalée par Sapir : « le simple fait de juxtaposer concept et concept, symbole et symbole contraint notre esprit, au minimum, à un certain sentiment de relation entre les deux » [1].

Comment, de ce langage des gestes, est-il passé au langage vocal? On voit bien les avantages de ce dernier : effort musculaire moindre, possibilité d'alerter le partenaire dans l'obscurité ou regardant ailleurs, ressources combien plus riches pour construire des morphèmes avec un nombre réduit de phonèmes, liberté et souplesse des organisations syntaxiques.

La tentation est grande de chercher l'origine de la parole dans le cri, ou son dérivé : le chant, et celle de la communication verbale dans l'expression émotionnelle. Suivant Jespersen : " men sang out their feelings long before they were able to speak their thoughts " [2]. Des mélopées purement expressives, et initialement dépourvues de sens, auraient fini pas *s'associer* à des personnages ou événements singuliers. Une généralisation progressive les aurait étendues à d'autres, semblables. Puis la différenciation aurait joué. Ces *pictorial words* se seraient démembrés sous l'effet de partitions et secrétions analogiques [3]. Phonétique, vocabulaire et grammaire, d'abord très complexes, se seraient progressivement simplifiés. " The development has been from something nearer chaos to something nearer kosmos " [4].

D'autres ont cherché l'origine du langage parlé dans l'accompagnement vocal de l'action motrice ou des gestes qui évoquent

---

[1] 1921, p. 111 : " the very process of juxtaposing concept to concept, symbol to symbol forces some kind of relational " feeling ", if nothing else, upon us ".

[2] *Language*, 1922, p. 436. — La même thèse est développée, avec l'intelligence et la subtilité qu'on lui connaît, par S. LANGER, 1960², pp. 127 ss.

[3] *Ibid.*, p. 429 : « The evolution of language shows a progressive tendency from inseparable irregular conglomerations to freely and regularly combinable short elements ».

[4] *Ibid.*, p. 366. — Pour S. LANGER, qui s'inspire de Ph. WEGENER (1885), le mot-phrase, d'abord limité au *comment*, se serait adjoint des éléments démonstratifs et flexionnels, désignant le contexte. D'où la morphologie et la syntaxe.

par simulacre, soit l'action, soit son objet. Pour Wundt, les mots dérivent de *gestes vocaux (Lautgebärden)*, contractions musculaires de l'appareil phonateur associées aux gestes moteurs, et dont l'aspect kinesthésique prime initialement l'aspect sonore. Au moins, ceci vaut-il pour la race, car chez l'enfant de nos jours, la pression de l'entourage, en possession d'une langue évoluée, hâte et masque l'évolution naturelle (« *Verfrühte Entwicklung* ») et tout lien décelable a disparu entre le mot et l'action [1].

Dans cette perspective, c'est de mots discrets (comme de gestes finis) que l'on part, ceux-ci se juxtaposant ensuite en séquences et phrases simples, quoique l'on puisse également songer à une partition de formules globales, dissociant ultérieurement *action* et *objet*, ou *verbe* et *nom* (Janet).

L'hypothèse de Wundt a été reprise, sous une forme ou une autre, par Bloomfield, Paget, Jousse, et, tout récemment, Diamond [2]. Cet auteur pense pouvoir démontrer que les constituants les plus anciens du langage seraient les verbes d'action à l'impé-

---

[1] *Die Sprache*, t. I, pp. 163-164; 258-372; t. II, pp. 651-657; *Grundriss*, pp. 367 ss. A côté des *Lautgebärden*, solidaires des *Hinweisende* et *nachahmende Gebärden*, Wundt fait une place importante aux *Lautmetaphern* solidaires des *symbolische Gebärden*. Ce sont, si l'on veut, les onomatopées kinesthésiques (ex. " flimmern "), liées à la perception d'un objet par un commun *Gefuhlston*. — Sans souscrire en tous points à cette thèse des *Lautgebärden*, GRÂCE ANDRUS DE LAGUNA (*Speech : its function and development*, 1927, rééd. Indiana Univ. Press., Bloomington, 1963) et L. S. VYGOTSKY (*Language and thought*, 1936, tr. angl., MIT, Wiley, 1962) insistent aussi sur les appels, les monstrations et les invites qu'assure le langage. " Word, at first, is a conventional substitute of the pointing gesture " (*Vygotsky*, p. 30). Le mot-phrase lié au contexte perceptif, précède la phrase, liée au contexte verbal. La proclamation se dissocie du commandement avec lequel elle se confondait d'abord (" The fact that a given term has been used as the grammatical object of a command favors its subtantive use as the subject of a predicative proclamation " LAGUNA, p. 106). — Pour Wundt, également, l'*Ausrufung* précède génétiquement l'*Aussage*. — De même, JANET cherche l'*origine* du langage dans le commandement et les *gestes vocaux*, dissociés de l'action qu'ils accompagnent. Les formules de départ auraient ensuite subi une partition en deux éléments, l'un, origine du verbe, signifiant l'action, l'autre, origine du nom, signifiant l'objet (« *soulever — la table* ». — Cf. *L'intelligence avant le langage*, 1936, pp. 98-135 et 259-265). Nous verrons, cependant, que Janet se refuse à lier l'*essence* du langage à la communication et la cherche dans son caractère symbolique.

[2] A. S. DIAMOND, *History and Origin of Language*, Methuen, 1959. — Cf. un excellent résumé de cette théorie dans : R. W. BRAIN, *Speech disorders*, Butterworths, 1961, pp. 5-8.

ratif. Ils dériveraient originellement des tensions et décharges vocales involontairement associées à l'effort musculaire, d'abord dans l'action réelle, ensuite dans l'action mimée à titre d'invite. En fin de processus, la composante vocale subsisterait seule.

Une telle vue s'inscrirait assez bien dans la ligne des suggestions de Sapir : « Tout ce que l'on peut dire à présent c'est que, si le langage en son stade final est une création essentiellement humaine, ses racines résident probablement dans le pouvoir qu'ont les singes supérieurs de résoudre des problèmes spécifiques en abstrayant des schémas ou formes générales des détails de situations données; que l'habitude d'interpréter certains éléments choisis d'une situation comme signes de la situation totale désirée a conduit graduellement les premiers hommes à une vague conscience du symbolisme; qu'enfin, à la longue, et pour des raisons que l'on peut à peine conjecturer, les faits d'expérience que l'on en vint le plus souvent à interpréter symboliquement, furent les émissions vocales, largement inutiles et superfétatoires, qui ont dû accompagner l'action tendue vers un but. Suivant cette vue, le langage est moins un développement direct de l'expression vocale, qu'il n'est une actualisation, en termes d'expression vocale, de la tendance à maîtriser la réalité, non par manipulation directe et *ad hoc* de tel ou tel élément, mais par la réduction de l'expérience à des formes familières. L'expression vocale n'est que superficiellement la même chose que le langage. La tentation de dériver le langage parlé de l'expression émotionnelle n'a conduit à rien de tangible en fait de théorie scientifique, et il faut maintenant se décider à voir dans le langage, le produit, lentement venu à jour, d'une technique ou tendance, qui peut être appelée la tendance symbolique, et qui consiste à considérer telle partie, relativement insignifiante et incomplète d'un tout, comme un signe de ce tout. Dès lors, le langage est ce qu'il est essentiellement, non à cause de son admirable capacité expressive, mais en dépit de celle-ci » [1].

---

[1] *Language* (1933), *Select. Writings*, 1951, p. 14. " It is essentially a particular case of a much wider problem of the genesis of symbolic behavior and

A la vérité, il semble bien que l'on cède à une illusion, en cherchant comment le langage est *né* chez l'homme à partir de virtualités supposées présentes chez les Anthropoïdes. La psychologie est restée beaucoup trop tributaire de l'idée d'évolution, alors que la biologie faisait une large place à la mutation. « Les faits montrent que l'homme n'est pas, comme on s'était accoutumé à le penser, une sorte de singe qui s'améliore, couronnement majestueux de l'édifice paléontologique, mais dès qu'on le saisit, autre chose qu'un singe »[1]. A la différence de ce dernier, et dès les origines, il marche debout, fabrique des outils et, sans doute, organise des sons et gestes en symboles. « Ce qui caractérise chez les grands singes le « langage » et la « technique », c'est leur apparition spontanée sous l'effet d'un stimulus extérieur, et leur abandon non moins spontané ou leur défaut d'apparition si la situation matérielle qui les déclenche cesse ou ne se manifeste pas. La fabrication et l'usage du chopper ou du biface relèvent d'un mécanisme très différent, puisque l'outil persiste en vue d'actions ultérieures. La différence entre le signal et le mot n'est pas d'un autre caractère, la permanence du concept est de nature différente, mais comparable à celle de l'outil »[2]. Ajoutons que, de part et d'autre, se pose un même problème d'organisation temporelle des opérations, c'est-à-dire de syntaxe[3].

of the specialization of such behavior in the laryngeal region, which may be presumed to have had only expressive functions to begin with " (*Ibid.*, p. 13), la question essentielle qui se pose alors étant de savoir " how vocal articulations of any sort could have become dissociated from their original expressive value " (p. 14). — Cf. *Symbolism* (1934), *S.W.*, p. 565; *The status of linguistics as a science* (1929), *S.W.*, p. 164; *Language*, 1921, p. 39. — Même point de vue chez Janet, *op. cit.*, pp. 119-135.

[1] LEROI-GOURHAN, *Le geste et la parole*, Paris, 1964, t. I, p. 166.

[2] *Ibid.*, pp. 163-164. La parenté de l'outil et du langage avait été commentée, dans un autre contexte, par Janet, *Les débuts de l'intelligence*, 1935, et l'*Intelligence avant le langage*, 1936, *passim*, notamment : *Débuts*, pp. 176-204 et *Int. av. lang.*, pp. 73-136.

[3] *Ibid.*, p. 164. « La technique est à la fois geste et outil, organisés en chaîne par une véritable syntaxe qui donne aux séries opératoires à la fois leur fixité et leur souplesse. La syntaxe opératoire est proposée par la mémoire et naît entre le cerveau et le milieu matériel. Si l'on poursuit le parallèle avec le langage, le même processus est toujours présent. On peut, par conséquent,

S'aidant d'une double série d'indices — comparaison des crânes et des cerveaux, extrapolation de la technique à la parole —, l'auteur que nous venons de citer, Leroi-Gourhan, a tenté de caractériser, par conjecture, le langage des plus lointains Hominiens. Limité à quelques chaînes verbales et lié à l'action chez les *Australanthropes* (1 000 000 à 600 000 ans avant J.-C.; cerveau surtout fronto-pariétal de 600 cm^3; un seul outil : le galet éclaté), progressivement plus riche et diversifié, encore que toujours limité à l'expression de situations concrètes chez les *Archanthropes* (600 000 à 300 000 ans avant J.-C.; cerveau de 600 à 1 200 cm^3; cinq ou six types d'outils), il assure chez les *Paléanthropes* (300 000 à 50 000 ans avant J.-C.; néanderthaliens : 100 000 à 50 000 ans avant J.-C.; cerveau de 1 200 à 1 600 cm^3, mais aux territoires préfrontaux encore réduits; industrie raffinée des silex taillés; indices d'un culte des morts et d'un intérêt pour l'insolite dans la forme), outre les échanges verbaux au cours des actes, l'évocation ultérieure de ceux-ci sous forme de *récits*, enfin — sans doute — l'expression rudimentaire de concepts abstraits liés à la religiosité [1].

Entre *l'homo faber* du plus lointain passé et *l'homo sapiens* dont le premier représentant est l'homme de *Cro-Magnon* (30 000 ans avant J.-C.), les Néanderthaliens jouent le rôle de charnière.

Avec un cerveau, non pas plus volumineux (1 400-1 550 cm^3), mais remanié dans le sens préfrontal, les *néanthropes* font assister à une véritable explosion technologique, génératrice d'un outillage aussi varié que raffiné, et témoignant de facultés de réflexion et d'invention qui contrastent avec la stéréotypie des âges antérieurs. De plus, graveurs, peintres et sculpteurs, ils entament, développent et portent à un haut degré de perfection la représentation graphique et plastique de la réalité. Tout fait

---

fonder sur la connaissance des techniques depuis la pebble-culture jusqu'à l'Acheuléen l'hypothèse d'un langage dont le degré de complexité et la richesse des concepts soient sensiblement les mêmes que pour les techniques ». Cf. p. 139. — Sur la généralité du problème de la syntaxe, et son application aux gestes, voir LASHLEY, *Serial order in behavior*, 1951 (*supra*, p.35, n.1).

[1] *Op. cit.*, pp. 161-166 et 90-160 *passim*.

penser que c'est avec eux que le langage prend définitivement son essor, en tant que pouvoir *symbolique* systématisé, capable d'évoquer, non seulement la totalité du réel, présent ou lointain, mais en outre l'imaginaire et le mythe. Aussi bien est-ce de mythes, préalablement coulés dans l'expression verbale, que les peintures paléolithiques sur lesquelles on a tant glosé, constitueraient des illustrations [1]. A en juger par leur texture, où l'exactitude des figures individuelles fait contraste avec l'absence de toute structuration spatiale, il semble que le langage qu'elles traduisent, fut plus riche en vocabulaire qu'en syntaxe, celle-ci se bornant à juxtaposer bien plus qu'elle n'étageait en profondeur [2].

A partir des Néanthropes, la société et la culture prennent le relais du courant phylétique, provoquant dans l'individu une *Verfrühte Entwicklung* qui recouvre le donné génétique. La stéréotypie des plus anciens outils, persistant pareils à eux-mêmes pendant des centaines de milliers d'années, incline à voir en eux, et dans la technicité bornée qu'ils manifestent, un caractère *spécifique*, relevant de la zoologie, « une sécrétion du corps et du cerveau des Anthropiens » [3].

« Si la technicité n'est qu'un fait zoologique, à mettre au compte des caractères spécifiques des Anthropiens, on comprend mieux la précocité de son apparition, la lenteur de son premier

---

[1] Ce sont, dit « LEROI-GOURHAN » des *mytho-graphies*, illustrant des *mytho-logies* (*Op. cit.*, I, p. 272, cf. I, pp. 261-300, et II, pp. 206-256).

[2] « On peut se demander si la perfection des éléments et le caractère sommaire de leur articulation ne sont pas en rapport avec l'évolution du langage, et si, avec un vocabulaire technique très approprié, les chasseurs de chevaux ne disposaient pas d'une syntaxe de niveau encore très élémentaire. Il n'est pas impossible de penser qu'une étude de l'art paléolithique orientée dans ce sens dégagerait sur le plan linguistique des faits inespérés ». LEROI-GOURHAN, *op. cit.*, t. II, p. 246. Cf. p. 248 : « Les obstacles techniques ont été dominés très tôt, et, au contraire, la syntaxe figurative est restée sur un plan qui correspondait au capital intellectuel général ».

[3] *Op. cit.*, t. I, p. 132. Cf. pp. 129, 134, 140, 151. « Nous percevons notre intelligence comme un bloc, et nos outils comme le noble fruit de notre pensée; l'Australanthrope, lui, paraît bien avoir possédé ses outils comme des griffes. Il semble les avoir acquis non pas par une sorte d'éclair génial qui lui aurait fait saisir un jour un caillou coupant pour armer son poing (hypothèse puérile, mais favorite de bien des ouvrages de vulgarisation), mais comme si son cerveau et son corps les exsudaient progressivement » (p. 151).

développement, et, à partir du moment où elle se coule dans le moule intellectuel de *l'homo sapiens*, le caractère dominateur de son évolution » [1].

La solidarité du mot et de l'outil suggère, pour le langage, des conclusions pareilles, et ceci fournit peut-être à la question débattue par Wundt et Sapir une ébauche de solution. Si la fonction symbolique, lors de son installation définitive chez les néanthropes, s'est annexé la parole à titre d'instrument privilégié, c'est apparemment que la parole préexistait, coulée en chaînes verbales rudimentaires, non moins *spécifiques* et déterminées dans leur nature que les choppers et bifaces contemporains. Le langage plonge donc ses racines dans la biologie. C'est la conclusion à laquelle, pour d'autres raisons, aboutissaient un Chomsky, un Lenneberg [2]. On la trouve également chez Benveniste : « Le langage est dans la nature de l'homme, qui ne l'a pas fabriqué. Nous sommes toujours enclins à cette imagination naïve d'une période originelle où un homme complet se découvrirait un semblable, également complet, et entre eux, peu à peu, le langage s'élaborerait. C'est là pure fiction. Nous n'atteignons jamais l'homme séparé du langage, et nous ne le voyons jamais l'inventant. Nous n'atteignons jamais l'homme réduit à lui-même et s'ingéniant à concevoir l'existence de l'autre. C'est un homme parlant que nous trouvons dans le monde, un homme parlant à un autre homme, et le langage enseigne la définition même de l'homme » [3]. Quelque défiance que l'on ressente pour ce qui rappelle une *psychologie des facultés*, il apparaît donc que le langage

---

[1] *Ibid.*, p. 152.
[2] Cf. l'ouvrage magistral et, comme on dirait en anglais, *epoch-making* de LENNEBERG, *Biological Foundations of Language*, 1967, qui traite et règle le problème sous tous les angles possibles : morphologie, physiologie, génétique, neurologie, maturation, apprentissage, pathologie, et dont les conclusions (pp. 371-395) marquent un tournant décisif dans la psychologie du langage, et même dans la psychologie en général, en ce qu'elles restituent aux *facteurs internes* responsables du comportement, leur prééminence sur les *facteurs externes*, abusivement gonflés dans le passé.
[3] *Probl. de Lingu. gén.*, 1966, p. 259 (© GALLIMARD).

ne peut être intégralement expliqué et déduit, mais fait intervenir un *donné* irréductible.

Il va sans dire que le langage vocal reprend, avec autrement de ressources, les fonctions qu'assurait déjà, tant bien que mal, le langage gestuel. Il *exprime* l'état d'âme du parleur : sentiment, volonté, croyance. Il *appelle* le partenaire, *montre* (par termes déictiques) ou évoque à son esprit des objets, des actions, lui intime des *ordres*. Enfin il instruit sur le réel extérieur et formule des *assertions* [1].

L'expression est toujours présente, et parfois seule présente, par exemple (Russell), si, sous le coup d'une vive souffrance, je crie : Aïe! dans la solitude. Les ordres joignent, à l'*expression* d'une volonté, *appel* et *invite* à autrui. Enfin, *l'assertion*, si elle raccorde symboles et choses, *exprime* une croyance et *invite* à la partager [2].

Ce triple ordre de relations s'inscrit dans le schéma bien connnu de Bühler :

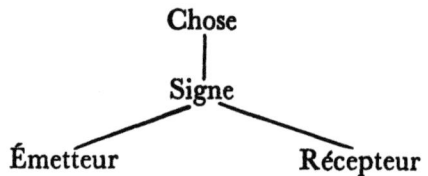

Suivant Bühler, le signe linguistique est *signal* par *l'appel* qu'il lance à l'auditeur. Il est *symptôme* par ce qu'il *exprime* du locuteur. Il est *symbole*, en ce qu'il *représente* la chose. Appel, expression, représentation, telles seraient les trois fonctions cumulées par le langage [3].

[1] Russell, *Inqu. into Meaning and Truth*, 1940, p. 204. " Language serves three purposes : (1) to indicate facts, (2) to express the state of the speaker, (3) to alter the state of the hearer ".

[2] Russell, *ibid*.

[3] K. Bühler, *Sprachtheorie, Die Darstellungsfunktion der Sprache*, Fischer, Stuttgart, 1934¹, 1965² (avec une préface de F. Kainz), pp. 24-33. La thèse de Bühler est excellemment résumée par Kainz, dans sa préface (pp. XV-XVI) en ces termes : « Das Sprachzeichen ist Symbol kraft seiner Zuordnung zu Gegenständen und Sachverhalten, Symptom (Anzeichen, Indicium) kraft seiner Abhängigkeit vom Sender, dessen Innerlichkeit es ausdrückt, und

Kainz a relevé la confusion qui s'introduit ici entre *essence* et *fonction*, on pourrait dire, avec non moins de raison, entre *langue* et *discours*, ou entre *signe* et *phrase*. Il est de l'essence du langage de *représenter* par l'entremise de *signes*. Mais ces signes s'organisent en phrases à différentes fins : *interjective* (expression), *impérative* (appel), *indicative-informative* (récit), enfin *interrogative* (question) [1].

Signal kraft seines Appels an den Hörer, dessen aüsseres oder inneres Verhalten es steuert wie andere Verkehrszeichen » (on notera que, pour Bühler, la *question* est un des modes de l'*appel*). — La trilogie proposée par Bühler fait évidemment ressouvenir de celle, traditionnelle, du *sentir*, du *vouloir* et du *connaître*. Par ailleurs, elle représente une synthèse des conceptions de Wundt, pour qui le langage est essentiellement *expression* (mais expression entendue au sens large, et s'étendant du *Gefühl* à la *Vorstellung*, l'évolution conduisant de l'*Ausdruck einer Gemütsbewegung* à la *Mitteilung einer Vorstellung*), des conceptions de Saussure et de Gomperz (théorie du *signe* linguistique), enfin des éthologistes et des behavioristes, qui mettent l'accent sur la *communication* et l'émission et réception de signaux. — Bühler fait un sort important à l'opposition de la *Deixis* et de la *Nennung*, reprise aux grammairiens grecs par les linguistes allemands, et construit son livre sur la dualité du *Zeigfeld* et du *Symbolfeld*. Il concède que la *Zeigung* est à l'avant-plan dans l'*Expression* et dans l'*Appel* (optatif-impératif; 1re et 2e personne), et la *Darstellung* dans les propositions à l'indicatif (3e personne). — Cependant, il note avec pénétration que la *deixis* s'introduit, en se transformant, dans les discours les plus impersonnels et abstraits en apparence, et il distingue, à cet égard :

1º la demonstratio ad oculos (« ceci », accompagné d'un geste);

2º l'*anaphora* (« ceci » ou quelque autre pronom, se référant à ce qui précède dans le discours);

3º *la deixis am Phantasma*, dont l'effet est de montrer ou évoquer l'absent (*Abwesendes presentieren, zeigen am Abwesendem*), et qui se manifeste de façon directe dans le drame, de façon indirecte dans le récit, et plus lointainement encore dans le discours scientifique. — Ceci rejoint l'observation que nous faisons dans le texte, et suivant laquelle une proposition déclarative, telle que : « Le ciel est bleu », adressée par moi à d'autres, comprend, non seulement une *assertion*, mais une *expression* (celle d'une croyance), enfin un *appel* à l'auditeur, une *monstration* ou *évocation* (du ciel et du bleu du ciel), et une *invite* (celle de constater ou croire que le ciel *est* bleu). — La composante *impérative* de tout langage et la solidarité du couple *commander/obéir* et *parler/être parlé* a été bien mise en lumière par JANET (1936, pp. 98-99 et 116 ss. — Cf. pp. 118-119 sa fine analyse des phénomènes *d'écholalie* dans cette perspective).

A noter qu'à considérer les genres littéraires, l'appel prédomine dans la rhétorique, l'expression dans la lyrique, et la représentation dans le drame, le récit, l'épopée, l'histoire, enfin la science.

[1] Préface à l'ouvrage de Bühler, et F. Kainz, *Psychologie der Sprache*, Enke, Stuttgart, t. I, 1940, p. 176 : « Ich will mit der Sprache entweder mein Inneres kundgeben oder das Verhalten meines Partners beeinflüssen oder Ich will ihm

Le schéma des théoriciens de la communication [1] :

s'il s'inspire de Bühler, échappe à ces critiques, en ce qu'il distingue *message* et *code*, ou en d'autres termes, *discours* et *langue*. Non moins que Bühler, cependant, il reste dans l'optique behavioriste, qui ne voit dans le langage en acte qu'une « interlocution ». « Tout discours individuel suppose un échange. Il n'y a pas d'émetteur sans récepteur — sauf, bien entendu, quand l'émetteur est un ivrogne ou un malade mental. Quant au discours non extériorisé, non prononcé, ce qu'on appelle le langage intérieur, ce n'est qu'un substitut elliptique et allusif du discours explicite et extériorisé. D'ailleurs, le dialogue sous-tend même le discours intérieur, comme l'ont montré une série d'observations de Peirce à Vygotsky » [2].

Contre cette vue, Kainz a soutenu que, considéré dans son essence, le langage se manifeste dans le *monologue* tout aussi authentiquement que dans le *dialogue*, et qu'à l'appel *(Appell)*,

<hr />

bestimmte Einsichten vermitteln, ihn über etwas in Kenntniss setzen. Das Ich alles das tun kann, dafür ist gemeinsame Voraussetzung der Umstand das die Sprache mit ihren Zeichen die Wirklichkeit symbolisch zu repräsentieren, ihre Sachverhalte begrifflich zu fassen, also Darstellung zu üben vermag ».

[1] JAKOBSON, 1963, pp. 28-29 et 213-214.

[2] JAKOBSON, *ibid.*, p. 32. — Pour L. VYGOTSKY, en effet (*Language and thought*, 1936/1962), " the primary function of speech is communication, social intercourse " (p. 7), quoique cet auteur défende par ailleurs une " conception of word meaning as a unit of both generalizing thought and social interchange " (*ibid.*), notable concession à la thèse adverse. — Le caractère social du langage avait été défendu plus anciennement, en réaction contre l'intellectualisme de Wundt (langage, « expression des idées »), par G. ANDRUS DE LAGUNA, *Speech : its function and development*, 1927, ouvrage qui développe excellemment la conception behavioriste du langage.

l'expression *(Kundgabe)* et l'information *(Bericht)* qui prennent place dans l'un, correspondent l'appel intérieur (*Innerer Appell*. Ex. : « Allons-y ! »), la décharge verbale (*Ausdruck*. Ex. : interjections et jurons), enfin la manipulation de symboles (*Denkhilfe*. Ex. : un calcul) constitutives de l'autre [1].

Au terme d'une enquête sur le commandement, source supposée de la parole, Janet concluait déjà : « Le langage n'est pas uniquement un instrument de communication sociale, on a, en général, exagéré ce caractère en disant que les hommes parlent pour se comprendre les uns les autres. D'abord, il n'est pas certain que les hommes aient grand besoin de se comprendre les uns les autres, ni même qu'ils y parviennent par le langage. Les relations sociales et même les collaborations sociales existaient depuis longtemps dans les sociétés animales qui n'avaient pas de langage. La vie sociale, à elle seule, n'aurait pas amené le langage ». Ce qui a amené le langage, c'est la confluence des conduites intellectuelles élémentaires de l'outil, du panier, du symbole et du signe, auxquelles Janet a consacré deux merveilleux petits volumes, malheureusement peu familiers aux linguistes [2].

Au plus grand des psychologues fait écho, sur le point qui nous occupe, le plus grand des linguistes : « On dit généralement que la première fonction du langage est la communication. On ne fera pas d'objection à cette thèse, s'il est entendu qu'il peut y avoir communication effective sans émission de langage, et que le langage à son tour joue un rôle d'importance dans des situations où la communication n'est pas impliquée. Dire que la pensée, qui serait difficilement possible d'une façon quelque peu suivie sans l'organisation symbolique fournie par le langage, n'est que cette forme de communication dans laquelle le locuteur

---

[1] *Ps. der Sprache*, I, pp. 185-212. Ces termes sont difficilement traduisibles avec les nuances qui importeraient ici. *Ausdruck* et *Kundgabe*, de sens voisins, insistent, l'un sur l'aspect, éventuellement solitaire, de décharge, l'autre sur celui de démonstration et manifestation en présence d'autrui.

[2] *Les débuts de l'intelligence*, 1935; *L'intelligence avant le langage*, 1936. Le texte cité se trouve dans ce dernier ouvrage, pp. 132-133.

et celui auquel il s'adresse sont identiquement une même personne, n'est pas loin d'une pétition de principe. Le langage autistique des enfants semble montrer que l'aspect purement communicatif du langage a été exagéré. Il vaut mieux admettre que le langage est, en première ligne, l'actualisation vocale de la tendance à traiter symboliquement la réalité, que c'est précisément ce caractère qui en fait un bon instrument de communication, et que c'est au cours des échanges de la vie sociale qu'il a acquis le degré de complication et de raffinement que nous lui connaissons aujourd'hui »[1].

Le langage permet donc, non seulement de *communiquer*, mais de *penser*, c'est-à-dire de remplacer l'expérimentation motrice sur les choses par l'expérimentation mentale sur les signes. « Les mécanismes et processus qui interviennent dans l'acte de penser sont complexes et bien imparfaitement compris... En relation avec le développement de conduites nouvelles, ils impliquent apparemment l'anticipation du résultat d'actes variés et l'inhibition de ceux qui seraient inefficients. Ce processus a été appelé *trial and error symbolique*. Quoiqu'une telle définition pèche probablement par excès de simplification, elle exprime assez bien l'aspect fonctionnel du phénomène. Penser est certainement un substitut des essais et erreurs moteurs, et un substitut qui s'acquitte des mêmes fonctions avec une moindre dépense de temps et d'énergie »[2]. Or, l'enfant commence par penser à voie haute avant d'accéder au langage intériorisé et — du moins si l'on en croit Piaget — il parle pour lui-même avant de parler à autrui.

---

[1] SAPIR, *Language* (1933), p. 15. Cf. de même LANGER, 1960², pp. 109-110; BENVENISTE, 1966, p. 25 (texte cité *supra*, p. 8); LENNEBERG, 1967, p. 336. — Rien ne peut mieux illustrer l'allusion au langage autistique des enfants que les enquêtes de Piaget selon qui, chez l'enfant, se succèdent, d'abord le langage autistique, ensuite le langage égocentrique, enfin le langage socialisé. Vygotsky (*op. cit.*, pp. 2-24) a critiqué cette conception et soutenu que, ce qui apparaît en premier lieu, c'est un langage social, dont la fin essentielle est la communication. Lui fait suite un langage égocentrique, puis un langage intériorisé, soit logique, soit autistique. Nous ne pouvons qu'évoquer cette controverse, qui mériterait un exposé à part.

[2] R. LINTON, *The cultural background of personality*, Appleton, 1945, pp. 58-59.

Nombre d'arriérés mentaux demeurent d'ailleurs à ce stade et nombre d'émotifs y retournent occasionnellement.

Bien entendu, ce serait une erreur de considérer le langage monologue comme fait uniquement de raisonnements, c'est-à-dire d'expérimentations mentales, concluant par des assertions anticipant sur le verdict des faits. Comme le signale Kainz, la composante affective et conative *(Ausdruck-Innerer Appell)* y joue un rôle non moindre. Enfin bien plus que les conduites motrices, les conduites verbales et mentales se prêtent au déploiement ludique et trouvent dans la manipulation des signes une liberté qui échappe aux contraintes des choses réelles.

Concluons que, dialogue ou monologue, proféré ou intérieur, le langage s'ordonne à trois sortes de fins : *expressives, impératives, assertives*, qui donnent lieu à autant de sortes de discours et de phrases [1].

[1] WUNDT (*op. cit.*, t. II, pp. 257 ss.) distingue trois types de phrases *(Ausrufung, Aussage, Frage)*, signalées, dans l'écriture par le point d'exclamation (!), le point (.) et le point d'interrogation (?), le premier *(Ausrufung)* se subdivisant en phrases *expressives (Gefuhlssätze)* et *impératives (Befehlssätze)*. Les quatre variétés se retrouvent chez KAINZ *(interjectives, impératives, déclaratives, interrogatives)*. DE LAGUNA *(op. cit.)* s'en tenait au couple : *command-proclamation* (phrases *impératives*; phrases *déclaratives*) et BENVENISTE *(op. cit.,* p. 130) à la triade des propositions *asssertives, interrogatives* et *impératives*.

On se souvient que OGDEN-RICHARDS distinguaient deux sortes de termes *(référentiels* ou *symboliques,* et *émotifs)* et deux sortes de fonctions du langage : *cognitive* ou scientifique, et *émotive* ou génératrice d'attitudes. (Distinction qui a joué un rôle dans la façon dont certains auteurs, comme Ayer et les positivistes logiques, ont traité les propositions de l'éthique). MORRIS, définit, pour les termes, trois façons de signifier *(modes of signifying)* : *designative, appraisive, prescriptive,* et, ensuite, trois usages possibles de ces trois sortes de termes *(uses of terms)* : *informative, valuative, incitive,* ce qui conduit à neuf types de discours :

		usages :		
		inform.	*valuat.*	*incit.*
	descr.	scientifique	fictif	légal
modes :	*appr.*	mythique	poétique	moral
	prescr.	technologique	politique	religieux

Nous ne mentionnons ceci que pour le divertissement du lecteur, et nous nous en tenons à la classification des propositions en *expressives, impératives* et *assertives,* traitant les *interrogatives* comme un sous-groupe de ces dernières, quoiqu'on puisse préférer (comme fait Kainz) de leur réserver un sort à part.

On notera qu'il s'agit ici de phrases entendues au sens linguistique (et non strictement grammatical) de *constructions qui se suffisent à elles-mêmes* (par ex. : un juron, un ordre comme « Debout! », un *oui*, un *non*). Et l'on retiendra la distinction établie par Bühler[1] entre propos, soit mêlés à l'action *(sympraktische Rede)*, soit dissociés de celle-ci *(synsemantische Rede)*. Les premiers se complètent de gestes et références concrètes qui peuvent n'exiger sur le plan verbal que de simples mots-phrases, tels qu'on les trouve en masse dans le langage enfantin. Les seconds peuvent renvoyer, non plus à la situation présente, mais au discours antérieur (« *anaphora* » : pronoms et articles). Si, dans la vie réelle (et non dans un exposé de grammaire) je prononce la phrase déjà citée :

L'homme qui attend le train, se rend à Bruxelles

de quel homme s'agit-il? De celui que j'ai sous les yeux ou dont il a été question. Hors cette double référence possible, l'assertion reste « en l'air », faute d'en connaître le *contexte*. La phrase « est une unité complète qui porte à la fois sens et référence : sens, parce qu'elle est informée de signification, et référence parce qu'elle se réfère à une situation donnée. Ceux qui communiquent ont justement ceci en commun, une certaine référence de situation, à défaut de quoi la communication comme telle ne s'opère pas, le « sens » étant intelligible, mais la « référence » demeurant inconnue »[2].

Parmi les *phrases expressives, Ausdruck eines Affektes in sprachlicher Form*, comme dit Wundt, on rangera : les *interjections*, proches du cri et relevant à peine du langage *(vorsprachliche Lautbildung)*, quoique déjà culturellement diversifiées; les *excla-*

---

[1] BÜHLER, *op. cit.* Cette distinction s'inscrit en parallèle avec celle du *Zeigfeld* et du *Symbolfeld* (ou champ syntaxique). DE LAGUNA *(op. cit.)* opposait de même le *perceptual context* et *speech context*. Enfin, c'est un des traits de l'École anglaise (Malinowski, Firth) d'insister sur la solidarité entre le langage et l'action, de même qu'entre le *sens* et le *contexte*, particulièrement situationnel.

[2] BENVENISTE, *op. cit.*, p. 130 (© GALLIMARD).

mations (« quel malheur! »), les *jurons*, les propositions *optatives* (solidaires, dans beaucoup de langues, d'un *mode* du même nom : « puissé-je réussir »), enfin — jusqu'à un certain point — les propositions *déclaratives* qui conjuguent à la première personne un *verbum sentiendi* (« je souffre »). Organisées en discours, les propositions expressives donnent naissance au *genre lyrique*.

Nombre de phrases dont l'objet n'est pas d'exprimer un affect, mais une volonté ou une croyance, incluent, cependant, outre leur contenu sémantique propre, une composante affective, révélatrice de la disposition momentanée ou, plus secrètement, de la personnalité profonde du locuteur. Elle se marque dans l'accompagnement gestuel, la voix et l'intonation [1], la vitesse relative du débit, la rigueur ou laxité de l'articulation, enfin le choix des mots et la tournure des phrases.

Rares sont les mots qui ne s'entourent pas d'un *halo* affectif, sensible à la conscience soit collective, soit individuelle. Il existe des mots vulgaires ou familiers et des mots nobles (ils ont persisté dans la poésie jusqu'à Lamartine : *coursier, onde, Albion,* etc...), des mots injurieux et des mots tendres [2], des mots obscènes ou

---

[1] " Music may be considered a form of language, in which emotion is divorced from information, whereas the telephone book gives information without emotion. But in ordinary speech, both elements are usually present " (RUSSELL, *Human, knowledge, its scope, and limit*, Simon and Schuster, New York, 1948, p. 59). — Dans sa théorie de la musique, S. LANGER nie que celle-ci soit pur symptôme et expression de sentiment. Elle a, certes, un contenu émotionnel, mais traduit en symboles " *presentational* ", dénués de mots isolables et de syntaxe, tandis que le langage a un contenu intellectuel, traduit en symboles *discursifs*. Elle comporte donc une *forme signifiante*, symbole de sentiment. Cependant, l'auditeur en reste ici (comme dans le mythe, le sacrement, le langage magique) à la confusion entre symbole et symbolisé. C'est un *unconsummated symbol* avec *implicit significance*. Ceci explique aussi qu'une musique puisse ne pas être « comprise » (*Philosophy in a new Key*, ch. VIII).

[2] L'italien possède dans le jeu de ses suffixes augmentatifs, diminutifs, péjoratifs, etc..., des ressources étendues pour l'indication de ces nuances : *avarone* (grand avare); *giardinetto* (petit jardin); *cagnolino* (petit chien), *dottoraccio, poetastro, avocatuzzo, letteratucolo* (méchant docteur, poète, avocat, homme de lettres); *putanella* (nuance d'indulgence).

Les rares wallons, encore familiarisés avec leur idiome populaire, savent, d'autre part, quel caractère expressif, intransposable en français, celui-ci possède dans la tendresse, l'injure, l'obscénité, etc...

Ici, enfin, se poserait le problème des *argots* et *jargons*, qui sans rien changer au sens, renseignent, non seulement sur les dispositions affectives des locuteurs,

de bonne compagnie, éventuellement des mots tabous. Notre époque fait une consommation intensive de mots à majuscules, qui, si grande place qu'ils tiennent chez les « intellectuels », ont perdu tout contour sémantique net, et ne servent plus à convoyer que des prises de positions sentimentales, voire passionnelles (« la Gauche », « la Droite », « la Révolution », « l'Europe »).

Choix des mots, registre des images, rythme et tour des phrases caractérisent, chez le parleur et plus encore chez l'écrivain, ce qu'on appelle le *style*. Nous nous sommes expliqué antérieurement sur le type d'analyse auquel il donne lieu : la *stylistique*, secteur de la pragmatique [1].

Enfin, au-delà des styles individuels, chaque langue se signale, dans son vocabulaire et sa syntaxe, par un *éthos* particulier, lié à son histoire. C'est ce que, parlant d'idiomes artificiels comme l'esperanto, Anatole France a merveilleusement souligné à propos du français : « ... comment l'œuvre d'un grammairien, si docte fût-il, pourrait-elle rivaliser avec une langue vivante où des millions et des millions d'hommes apportèrent leurs soupirs et leurs cris, où l'on perçoit en même temps le grand han du peuple et le pépiement des jolies linottes qui gazouillent dans les salons, où bruissent tous les métiers, où grondent toutes les émeutes, où râlent tous les désespoirs, où murmurent tous les rêves. Qu'ils sont beaux les mots auréolés par le souvenir de leur long usage. Celui-ci a sonné clair dans un vers de Corneille. Celui-là

mais sur le groupe plus ou moins fermé auquel ils marquent leur satisfaction d'appartenir. Cf. le jargon de l'École normale : *conscrit, carré, cube, archicube, tala, bonvouste*, etc..., et les réflexions de SAPIR, *Language*, 1933, p. 16 et MARITAIN, 1956, pp. 120-124.

[1] Cf. *supra*, pp. 48 ss. — On se rappelle que nous avons distingué deux types de *stylistiques*, l'une, *linguistique*, catalogue des moyens que la langue offre aux individus pour exprimer des affects et intentions plus ou moins conscients, l'autre, *psychologique* et *esthétique*, qui cherche à atteindre la *personnalité profonde* d'un auteur à travers le choix de ses vocables, images, sonorités, tours syntaxiques, thèmes et sujets traités.
Les méthodes employées ici s'apparentent de très près à celles qui caractérisent les techniques projectives, par ex. le TAT de Murray. Mais sans doute serait-il plus juste de dire que Murray, aussi lettré et artiste que psychologue, comme on sait, s'est inspiré de ce type d'analyse pour construire son test.

s'est alangui dans un hémistiche de Racine, cet autre s'est parfumé de thym et de serpolet dans une fable de La Fontaine. Tous chatoient des nuances infinies qu'ils prirent au long des siècles. Songez donc, mon cher ami! Les mots *rire* et *pleurer* n'ont pas le même sens en français que dans les autres langues, parce que nul homme ailleurs n'a ri comme Molière, comme Regnard ou comme Beaumarchais; nulle femme n'a pleuré comme telle grande amoureuse française : Mlle de Lespinasse, par exemple » [1].

On devine, par là, les difficultés d'une traduction. Si le contenu *sémantique* d'un message peut passer d'une langue dans une autre (encore faut-il que celle-ci contienne l'arsenal conceptuel requis), les nuances *expressives*, elles ont tôt fait de se dissiper. Le dommage est sans remède dans le cas de la poésie, liée plus que la prose à des rythmes, sonorités et valeurs verbales intransposables [2]. Pouchkine ne peut s'apprécier qu'en russe. Racine n'est pleinement goûté que de lecteurs français (si possible, précisait, Jules Lemaître, d'entre-Seine-et-Loire).

On sait que, depuis Mallarmé, la poésie a rejeté les contraintes sémantiques et syntaxiques, ne retenant, à des fins de pureté, que les seules valeurs expressives. Dans le même temps, la peinture se grisait de couleurs et de formes librement combinées, tout souci de figuration étant exclu [3]. Le résultat a été une désarticulation du langage, auquel on demande maintenant des révélations ineffables, quand, par révolte contre ses limites, on ne le met pas en accusation. L'idéal du *Logos*, indivisément *Raison* et *Verbe*, connaît, dans certains cercles, de moins en moins confidentiels, un déclin grandissant. Marcel Proust, qui, plus que tout autre, a affronté l'indicible, remarquait à cet égard : « Le sentiment de la même nécessité, de la même constance des lois de

---

[1] *Les matinées de la Villa Saïd, Propos d'Anatole France*, recueillis par Paul GSELL, Paris, Grasset, 1921, pp. 176-177.

[2] Cf. JAKOBSON, *Essais de Lingu. générale*, 1963, pp. 84-86 et pp. 209-248 : *Linguistique et Poétique*.

[3] Cf. La pénétrante analyse d'Étienne GILSON (*Matières et Formes*, Vrin, 1964, ch. 4 et 7), lequel témoigne à ces tentatives notablement plus de faveur que nous ne pouvons en accorder.

l'univers et de la pensée, qui m'interdit d'imaginer, à la façon des enfants, que le monde va changer au gré de mes désirs, m'empêche de croire que, les conditions de l'Art étant subitement modifiées, les chefs-d'œuvre seront maintenant ce qu'ils n'ont jamais été au cours des siècles : à peu près inintelligibles » [1].

Les phrases *vocatives* convoient des *appels*, et les phrases *impératives* des *prières*, des *ordres*, des *exhortations*, liées normalement au *mode* de même nom [2], quoique le langage familier, complété

[1] *Chroniques*, p. 139. — Ici se poserait le problème des aspects et altérations que revêt l'expression dans le psychisme morbide. Il a été admirablement traité par J. BOBON, *Psychopathologie de l'expression*, Masson, 1967. — Cf. aussi J. S. KASANIN, *Language and thought in schizophrenia*, Univ. of Cal. Press, 1939[1], 1944[2] et — pour l'agitation maniaque — J. DELAY, *Les dérèglements de l'humeur*, P.U.F., 1946, pp. 40-43.

[2] Celui-ci est très diversement interprété et compris. Suivant Chomsky et son école, " come! " serait issu par *transformation* et *suppression* de " you will come ", car Chomsky fait grand usage des *sous-entendus*, et même de ceux que Ferdinand BRUNOT appelait les *sous-entendus imaginaires*. — Point très différente est l'interprétation d'Austin et de son école, pour laquelle l'impératif n'est qu'un *performatif*, sous-entendant « J'ordonne que » (« *Fermez la porte*, cela se voit, est aussi bien performatif, aussi bien l'accomplissement d'un acte, que dire *Je vous ordonne de la fermer* », cité par BENVENISTE, 1966, p. 269). D'autres se sont élevés contre ces tentatives, soulignant avec raison l'originalité irréductible de l'impératif : SØRENSEN, 1958, p. 71; BENVENISTE, 1966, pp. 274-275. Remarquant que dans l'énoncé performatif, celui qui le prononce accomplit l'acte en le dénommant, usant à cette fin du verbe à la première personne du présent, cet auteur ajoute : « Il en va tout autrement à l'impératif. Nous avons affaire ici à une modalité spécifique du discours; l'impératif n'est pas dénotatif et ne vise pas à communiquer un contenu, mais se caractérise comme pragmatique et vise à agir sur l'auditeur, à lui intimer un comportement. L'impératif n'est pas un temps verbal; il ne comporte ni marque temporelle ni référence personnelle. C'est le sémantème nu employé comme forme jussive avec une intonation spécifique... » (© GALLIMARD). Ces notations, cependant, ne laisseraient pas de nous inquiéter, et peut-être suggèrent-elles une équivoque du genre de celles que Kainz relevait chez Bühler. Dans « Apportez le livre », « apporter » et « livre » gardent tout leur pouvoir significatif et dénotatif, même s'ils sont employés dans une phrase à fin pragmatique et impérative, et non informative. Est-il juste de dire d'autre part que l'impératif n'a nulle référence personnelle, et n'est-il pas ressenti comme lié à la communication, au dialogue entre le *toi* et le *moi*, et à la deuxième personne?

Dans le cadre des *Befehlssätze*, il convient de distinguer, comme Wundt (*op. cit.*, I, p. 322), des phrases *vocatives* et des phrases *impératives*, les premières se bornant à *l'appel*. Si elles consistent le plus souvent en un seul mot, rien n'empêche qu'elles se prêtent aussi à une organisation syntaxique. Je puis, comme professeur, m'adresser à l'un de mes auditeurs en ces termes : « Étudiant qui vous trouvez à la première place, à gauche, au troisième rang... ».

éventuellement de gestes, fasse usage de raccourcis de toute nature (« Debout! »; « Du calme! »; « La porte! »).

Elles ont été souvent rapprochées du signal, telle étant notamment, comme on l'a vu, la perspective où se place Bühler. Mais le signal déclenche immanquablement la réaction qui lui est liée, tandis qu'à un ordre verbal, il peut être résisté ou répliqué oralement par un refus[1]. Par ailleurs, le langage — commandement n'est pas moins *syntaxique* que les autres, et, usant de la faculté d'accoler librement verbes, noms et adverbes, il engendre en nombre illimité des ordres sur mesure, très différents des signaux indécomposables auxquels répond l'animal. Une expérience cruciale a été tentée, à cet égard, par C. Hayes[2], lorsqu'à son chimpanzé, docile aux formules :

Kiss me
Bring me the dog

elle commanda :

Kiss the dog.

On sait que la tentative se solda par un échec complet, le seul sujet d'étonnement en cette affaire étant que l'auteur ait cru qu'elle pouvait réussir.

On notera qu'il existe toutes sortes de manières, inégalement persuasives, de formuler des ordres et des exhortations, et que des valeurs *impressives* variées s'adjoignent à l'indication nue de la conduite souhaitée. Elles relèvent, à nouveau, de la stylistique, plus particulièrement de la *rhétorique*. Exhortations et persuasions donnent naissance au *genre oratoire*, comme l'expression au genre *lyrique*.

[1] C'est dans de telles *réponses actives (Antworten)*, succédant à la docilité passive *(Mitbewegen)*, que Wundt situe le « moment de naissance du langage » *(Geburtsmoment der Sprache, op. cit.*, I, p. 255).

[2] C. HAYES, *The ape in our house*, Harper, 1951. Vicki répond de façon appropriée à quelque cinquante combinaisons de mots, constituant des expressions et des ordres, mais non à ces mots familiers groupés en combinaisons nouvelles. " She performs perfectly on " kiss me " and " Bring me the dog ". When we first said : " Kiss the dog ", Vicki did nothing at all " (p. 231). Cf. P. HENLE, *Language, thought and culture*, Ann Arbor, 1958, p. 264.

Sur les propositions *déclaratives*, formulées à *l'indicatif*, nous nous sommes expliqué plus qu'à demi, en traitant, dans le cadre de la langue, de la *fonction assertive* du verbe. Expressions d'une croyance, elles ajustent l'ordre des signes à l'ordre des choses, permettant, à partir de l'un, d'anticiper sur l'autre. De cet ajustement dépend leur *vérité, adaequatio intellectus et rei*. Suivant la remarque bien connue de Tarski, la proposition : « Il neige » est vraie quand il neige.

Dans le commerce quotidien, les phrases déclaratives convoient des *informations* sur ce qui est loin dans le temps ou dans l'espace (*displaced speech* de Bloomfield). Au moins aussi souvent, cependant, elles invitent l'auditeur à constater ce qui se passe sous ses yeux. A la limite, leur contenu informatif se réduit à rien, et les propos tenus n'ont plus que valeur expressive ou génératrice d'entente sociale. Les « il fait bien froid », échangés entre passants par temps glacial, n'apprennent rien aux interlocuteurs. Cet usage *phatique* du langage, commenté avec profondeur par Malinowski, Sapir et d'autres [1], joue un rôle notable dans les réunions mondaines, où un silence prolongé est ressenti comme une catastrophe. Suivant Jakobson, on le trouverait à l'état pur chez les oiseaux parleurs, comme chez l'enfant non encore doué de parole. Il s'agit d'une *communication* sans *information* ni *message*.

L'enfant, on le sait, commence par parler de lui-même à la troisième personne, et celle-ci suffirait à la rigueur pour formuler les phrases du discours. Cependant, locuteur et interlocuteur vont dans le dialogue, s'imposer sous les espèces du *je* et du *tu*, lesquels nouent entre eux une communication *sui generis*, proprement humaine [2]. Il y a, dans : « vous êtes servie », une intimité inanalysable qui fait défaut dans : « Madame est servie ». Encore le *tu* est-il noyé et estompé ici dans la pluralité du *vous*. Le passage

---

[1] Malinowski, dans Ogden-Richards, 1953, pp. 296-336; Sapir, *Language*, 1933, pp. 15-16; Jakobson, 1963, p. 217.
[2] Cf. *supra*, pp. 103 ss. et Benveniste, 1966, pp. 224 ss.

de l'un à l'autre marquait autrefois une étape décisive dans l'intimité des amants [1].

C'est dans le sillage du *je*, nous l'avons dit déjà, que s'introduisent les termes *déictiques (ceci, ici, maintenant)*, ainsi que les *temps* et *aspects* du verbe, liés à l'actuelle instance de parole.

Ces éléments subsistent dans des genres littéraires tels que l'exposé oratoire ou didactique, les mémoires, les correspondances, enfin le théâtre, dans lesquels un locuteur s'adresse en son nom propre à des auditeurs ou lecteurs, réels ou supposés.

Ils font défaut, au contraire, dans le *récit* mythique, épique ou historique qui exclut toute mention personnelle du narrateur, use exclusivement de la troisième personne (en réalité une *non-personne*) et ordonne les événements autour de l'*aoriste*, indicateur d'une temporalité spécifique [2].

Enfin, tout à fait impersonnel et intemporel apparaît *l'exposé scientifique*, dont l'avatar ultime est la formulation logico-mathématique. L'indo-européen, déjà, faisait une distinction fine entre ce qui est vrai partout et toujours *(proposition nominale)* et ce qui ne l'est qu'en telle occasion *(proposition verbale*, éventuellement au présent) [3].

On notera que, si *l'indicatif* est le mode de *l'assertion*, le *subjonctif* permet, en diverses langues, de suspendre cette dernière, et de traiter une proposition comme simplement *considérée* (« que X. soit coupable » — *je l'affirme* ou le *nie* ou le *mets en doute*). C'est là le statut normal des propositions en logique au niveau du langage-objet [4]. Enfin, le *conditionnel* traduit une affirmation

---

[1] On se rappelle l'héroïne de Gyp, qui, venant de se donner à un partenaire, remarque, à part elle, choquée : « Il me tutoie déjà! ».

[2] En français, le *passé défini*, bien vivant et irremplaçable dans cet usage, comme l'a montré Benveniste dans un admirable article sur *Les relations de temps dans le verbe français* (*op. cit.*, 1966, pp. 237-250). Cf. *supra*, p. 104, n. 1.

[3] Cf. BENVENISTE, *op. cit.*, ch. 13 : *La phrase nominale*, pp. 151-167. — Cf. SAPIR, 1921, p. 99 " There are " primitive " languages that are more philosophical [que l'anglais ou le français] and distinguish between a true " present " and a " customary " or " general " tense ".

[4] Ex. $\vdash (p \lor {\sim}p)$: que p ou non-p $(p \lor {\sim}p)$, cela est asserté ($\vdash$)

$\vdash {\sim} (p \cdot {\sim}p)$: que p et non-p $(p \cdot {\sim}p)$, cela est nié ($\vdash {\sim}$).

hésitante, acquise par oui-dire et qui reste à vérifier (« Le ministère serait constitué »).

Des propositions *affirmatives,* expressions d'une croyance, il est passé, par transformations appropriées, aux propositions *négatives* et *interrogatives,* expressions d'un refus ou d'un doute. Ces dernières sont donc, psychologiquement aussi bien que linguistiquement, postérieures aux premières, et elles peuvent s'analyser à partir de celles-ci [1]. Divers auteurs (Kainz, Benveniste) considèrent, cependant, la *question* comme une modalité caractéristique du *discours,* répondant à une fin propre. Si l'assertion transmet une information, la question vise à en obtenir une [2].

Il nous suffira de rappeler qu'il existe deux classes de questions :

1º Celles qui appellent une réponse par *oui* ou *non* (*Zweifelsfragen* de Wundt, *Yes or no questions* des auteurs anglo-saxons), par ex. « X. est-il mort? »

2º Celles qui demandent précision sur l'une ou l'autre des circonstances de l'événement *(Tatsachenfragen; Wh - questions)* : « Qui est mort? »; Quand, où, de quoi X. est-il mort? ».

---

[1] Cf. l'exposé de Russell sur les *attitudes propositionnelles, op. cit.,* pp. 62 ss.

[2] Benveniste, *op. cit.,* p. 130. — Les trois modalités de la phrase (assertive, interrogative, impérative) « ne font que refléter les trois comportements fondamentaux de l'homme parlant et agissant par le discours sur son interlocuteur : il veut lui transmettre un élément de connaissance, ou obtenir de lui une information, ou lui intimer un ordre. Ce sont les trois fonctions interhumaines du discours qui s'impriment dans les trois modalités de l'unité de phrase, chacune correspondant à une attitude du locuteur » (© Gallimard).

CHAPITRE V

RETARDS ET DISSOLUTIONS DU LANGAGE

Nous ne ferons qu'une incursion limitée dans la pathologie du langage, champ d'étude des plus complexes, et semé d'embûches même pour le spécialiste. Il importe cependant de chercher dans quelle mesure les distinctions du clinicien rejoignent celles du psycholinguiste.

L'enfant sourd ne s'exprime spontanément que par gestes, proches du simulacre et de syntaxe simple. Dépendants de la situation vécue, *sympraktisch* au plus haut point (Bühler), ils traduisent une pensée essentiellement concrète, peu ouverte aux concepts et rapports abstraits. Les capacités cognitives et intellectuelles de base semblent, cependant, intactes, et seules font défaut les vastes possibilités d'apprentissage et de progrès offertes à l'enfant sain [1]. L'exemple d'Hélène Keller, aveugle par

[1] Cf. sur cette question très discutée : P. OLERON, *Recherches sur le développement mental des sourds-muets*, Centre Nation. Rech. Scient., Paris, 1957;

surcroît, montre à quel point, sous l'effet de traitements appropriés de tels handicaps peuvent être compensés, et au-delà. L'acquisition tardive du langage écrit, et d'un rudiment de langage parlé, chez les sourds-muets, témoigne, comme le note Lenneberg [1], de « l'énorme capacité que possède l'homme de développer une compétence linguistique, même dans les conditions de la plus sévère déprivation ».

De malformations de l'appareil phonateur, ainsi que des muscles et nerfs qui le commandent, résultent les *dyslalies*, et de troubles dans la régulation et la commande motrices supranucléaires les diverses formes d'*anarthries* et *dysarthries* [2]. Un cas remarquable d'anarthrie congénitale, analysé par Lenneberg, montre une compréhension et *compétence* linguistique sans défaut, en l'absence de toute *performance*. L'auteur en conclut que la possession du langage ne s'identifie pas à la capacité de parler, celle-ci supposant des aptitudes additionnelles, extrinsèques à la fonction linguistique proprement dite [3].

Il s'agit là, comme on voit, de troubles n'affectant que la *parole*, et dans la parole les mécanismes psychophysiologiques d'exécution (Saussure). Plus intéressantes pour notre propos sont les arriérations et dissolutions d'origine centrale : *blésités* et *aphasies*.

On nomme *blésités* la persistance anormale de mutations phonétiques qui étaient de règle à un âge antérieur :

occlusives pour constrictives :   *totiton*   pour *saucisson*

LENNEBERG, *Biol. Found. of language*, 1967, pp. 320-324 et 357-363, " It is probably only in the areas of education proper (as opposed to the biologically given organization of the environment) that language deficits become a serious obstacle for intellectual development " (p. 362). On sait, d'autre part, comme nous l'avons déjà noté (ch. IV, n. 15bis), que ces enfants entretiennent, par pantomime, une excellente communication avec l'entourage, et qu'ils expriment par gestes : affects, volontés et assertions.

[1] *Op. cit.*, p. 323.

[2] Elles sont liées, suivant les cas, à des lésions du diencéphale (thalamus, pallidum, noyau caudé), de la substance grise entourant l'aqueduc de Sylvius, ou du cervelet.

[3] *Op. cit.*, pp. 305-309, surtout 308-309.

sourdes pour sonores :	*pouchon*	pour *bouchon*
	chouchou	pour *joujou*
consonnes d'avant pour consonnes d'arrière :		
	toson	pour *cochon*
	zouzou	pour *joujou*
	aneau	pour *agneau*
non nasales pour nasales :	*mama*	pour *maman*
	pata	pour *banane*
suppression de consonnes fragiles comme le r :		
	oue	pour *roue*
modifications de la structure du mot par assimilation :		
	papeau	pour *chapeau*
	touteau	pour *couteau*
	mini	pour *midi*
par inversion :	*capet*	pour *paquet*
par élision :	*ta*	pour *tape*
	oue	pour *roue*
	pati	pour *parti*
	tou	pour *clou*

réduction du mot à un schéma dissyllabique par simplification et élision, ou, au contraire, par réduplication (cf. papa, bonbon, etc...).

Ombredane, que nous suivons ici de très près, a décrit avec finesse le mécanisme de ces troubles [1]. Ils peuvent ne signaler

---

[1] Cf. son exposé dans H. WALLON, *La vie mentale*, t. VIII de *l'Encyclopédie Française*, Paris, 1938, p. 8.34.42 : « L'articulation correcte exige la différenciation progressive des réactions motrices primitivement globales et diffuses, l'établissement progressif d'une indépendance relative des organes phonateurs. Elle exige aussi la réduction progressive de la rigidité posturale des organes phonateurs, la possibilité pour ces organes de prendre et d'abandonner aussi rapidement qu'il est nécessaire les attitudes articulatoires. Or, devant ces conditions fondamentales du progrès de l'articulation, la situation n'est pas égale pour tous les phonèmes. En effet, d'une part, certains phonèmes font intervenir un nombre restreint, et d'autres, un nombre plus grand d'organes, autrement dit, certains répondent à un mouvement très simple et très primitif du système phonateur, alors que d'autres répondent à une combinaison très

rien d'autre que des confusions auditives, des inhabiletés motrices ou de banales négligences. Parfois, cependant, ces mutations phonétiques s'accompagnent de déficiences grammaticales et syntaxiques (style petit-nègre) qui autorisent à parler d'un *syndrome de retard du langage* (*congenital language disability* des auteurs anglo-saxons). Ce syndrome, quand il est isolé, revêt un aspect héréditaire et dépend, sans doute, de facteurs génétiques [1]. En d'autres cas, il se joint à des retards dans la dentition, la marche, le développement intellectuel ou à des troubles du caractère : passivité, inattention, fatigue; agitation, instabilité motrice; obstination, résistance.

Enfin, l'arriération mentale retentit sur le langage, soit qu'elle le rende impossible, faute d'un QI minimal, soit qu'elle en ralentisse le développement et l'arrête vers la 13e année. Le langage progresse, cependant, suivant ses lois propres, et en parallèle, non pas tant avec l'intelligence, au moins telle que le mesure le QI, qu'avec la maturation biologique générale [2].

Aux arriérations globales ou partielles, affectant le langage, s'opposent les dissolutions ou désintégrations de celui-ci dans l'*aphasie*. On nomme ainsi « des troubles extrêmement complexes du langage, qui sont produits par des lésions en foyer d'un seul hémisphère (le gauche chez les droitiers, le droit chez les gauchers), et qui paraissent se résoudre en des troubles des fonctions conju-

complexe de mouvements différenciés et d'attitudes artificiellement dissociées; d'autre part, les trois moments successifs de l'articulation, tension, tenue, détente, n'ont pas une égale importance pour tous ».

« On peut formuler ainsi le principe des mutations phonétiques du langage enfantin : l'enfant tend à employer les phonèmes pour lesquels il n'est pas besoin d'une différenciation très poussée des synergies musculaires, et qui sont compatibles avec un effort excessif, non mesuré, des organes vocaux. La substitution progressive de la loi du moindre effort physiologique à la loi de l'expansion maximum des réactions motrices caractérise l'évolution phonétique. La persistance anormale du phénomène de l'expansion maximum des réactions motrices est un des facteurs essentiels des mutations phonétiques de retard ».

[1] Cf. Lenneberg, *op. cit.*, pp. 249-252.
[2] *Ibid.*, pp. 309-320.

guées de discrimination sensorielle et d'initiative motrice, dans leur usage symbolique, abstrait et volontaire »[1].

L'extrême densité de cette définition ne laisse qu'imparfaitement soupçonner ce qu'elle intègre d'apports et de points de vue divers. Pas davantage n'indique-t-elle la variété d'aspects que peut revêtir le trouble et qui rend problématiques tous les classements. L'accord semble cependant acquis concernant deux formes de base :

1. — *L'aphasie de Broca* ou *aphasie motrice* ou *aphasie d'expression*, issue de lésions frontales. Encore docile aux phrases et ordres simples, le malade ne sait plus s'*exprimer* verbalement. Il cherche ses mots, les manque ou les prononce de travers, reconnaît ses erreurs et s'en irrite. Il n'émet de phrases qu'en style télégraphique, dénué de syntaxe *(agrammatisme)*.

2. — *L'aphasie de Wernicke* ou *aphasie sensorielle* ou *aphasie de réception*, issue de lésions temporales ou temporo-pariétales, voire — occipitales. Ici, c'est la compréhension qui est atteinte en premier, et par voie de conséquence l'expression. Celle-ci se matérialise en *logorrhée* et *jargon*, altérant tant le lexique que la grammaire, quoique le schéma général de la phrase semble préservé *(para-*

---

[1] OMBREDANE, *loc. cit.* — On notera que si le langage se latéralise indubitablement au cours de la croissance, la coïncidence entre dominance cérébrale gauche ou droite (relative au langage) et droiterie et gaucherie motrices n'est pas parfaite, un petit nombre d'individus à dominance cérébrale gauche (pour le langage) étant gauchers et les gauchers, manifestant, d'autre part, pour moitié, une dominance droite, et, pour moitié, une dominance gauche ou bilatérale (cf. pour plus de détails, LENNEBERG, *op. cit.*, pp. 176-178).
La dominance d'un hémisphère n'empêche, d'ailleurs, pas que l'autre joue un rôle subordonné dans le déroulement du langage, ni non plus qu'il remplace celui-ci, s'il vient à être endommagé, mais ceci *seulement au cours de la croissance*.
Sur l'aphasie, vue par le neurologiste, on lira F. A. ELLIOTT, *Clinical Neurology*, Saunders, 1964, pp. 43-49 et J. DE AJURIAGUERRA et H. HECAEN, *Le cortex cérébral, étude neuro-psycho-pathologique*, Masson, 1960[1], 1964[2], pp. 159-247.
— Sur l'histoire du problème : H. HEAD, *Aphasia and kindred disorders of speech*, t. I, Cambridge University Press, 1926; A. OMBREDANE, *L'aphasie et l'élaboration de la pensée explicite*, P.U.F., 1951; R. W. BRAIN, *Speech Disorders*, Londres, Butterworths, 1961; R. TISSOT, *Neuropsychopathologie de l'aphasie*, Masson, 1966.

grammatisme). Le malade ne se rend compte ni ne s'émeut de ses erreurs.

L'aphasie de compréhension comporte maints degrés et modalités. On peut considérer comme l'une d'elles l'aphasie *nominale* ou « *amnésique* » où font difficulté nomination et désignation.

Outre ces formes de base, la plupart des neurologistes décrivent des syndromes plus circonscrits, d'ailleurs souvent combinés avec elles, et même, suivant certains, les expliquant. De nature agnosique ou apraxique, ils consistent en *mutités* ou *surdités verbales*, *alexies* et *agraphies*.

Depuis l'époque de Gall, initiateur de l'anatomopathologie du langage (1807), des discussions constamment ranimées ont porté sur la localisation cérébrale et l'analyse fonctionnelle de ces troubles. Dans une première période, qui s'achève en 1870, successivement Bouillaud (1824; 1839), Broca (1861), Trousseau (1864), Fleury (1866), Ogle (1876), et Finkelnburg (1870), soupçonnent ou décrivent, sous des noms divers, les deux types d'aphasies signalés plus haut. Quant à l'interprétation qu'ils en donnent, elle oscille entre deux pôles : *trouble articulatoire* (Broca), *trouble intellectuel* et *amnésique* (Trousseau). A Finkelnburg revient, cependant, le mérite de proposer, le premier, la notion — que nous retrouverons — de *trouble des fonctions symboliques*.

A partir de 1870, l'intérêt pour les localisations cérébrales, récemment découvertes, se combine avec la notion postulée de *centres d'images* (kinésiques, auditives, visuelles) supposés reliés en tous sens. Des syndromes électifs sont observés ou, plus souvent, déduits. Avec Bastian, Broadbent, Wernicke, Kussmaul, Lichtheim, Charcot et Déjerine, l'aphasie se dissout en une poussière de formes, correspondant à autant de lésions. De la fonction linguistique, on croit rendre compte par des *associations d'images*.

La critique de Pierre Marie (1906) balaya cette conception simpliste. Pour lui, l'aphasie est une, et seule mérite ce nom l'aphasie de Wernicke. Elle résulte, non de la perte *d'images sensorielles*, mais d'un trouble de *l'intelligence*, diminuée dans les activités « acquises par procédés didactiques » : langage, calcul, musique, lecture de l'heure, mimique conventionnelle ou descriptive comme menacer du doigt, montrer qu'on veut dormir, etc... Quant à l'aphasie de Broca, elle n'est qu'une anarthrie, trouble articulatoire, compliqué en proportions variables, d'aphasie de Wernicke [1].

Charles Foix, disciple de Pierre Marie, devait tempérer la rigueur de cette doctrine, et — faisant un pas vers Déjerine — réintégrer dans l'aphasie les moments sensoriel et moteur, gnosique et praxique, par conséquent, aussi, les formes diversifiées que son maître en avait exclues — vue modérée qui a dominé jusqu'à nos jours la neurologie française [2].

Mais le principal problème que P. Marie laissait en suspens concernait le trouble *intellectuel* à l'œuvre dans l'aphasie, et qui la distingue d'une démence. Telle est la question à laquelle se sont employés à répondre Goldstein et Head.

Dès ses premiers travaux (1906), Goldstein signalait dans diverses dissolutions du langage, en particulier dans l'aphasie dite *amnésique* (ou *nominale*), trouble de la *nomination*, de la *désignation* et de la *signification*, la perte de l'*attitude abstraite* et *catégorielle*, déjà rencontrée et commentée par nous [3]. Doctrine considérablement amplifiée par la suite et qui trouve son expression achevée dans l'ouvrage de 1948 sur lequel nous reviendrons [4].

Quant à Henry Head, nous ne pouvons l'aborder sans

---

[1] Cf. P. MARIE, *Travaux et Mémoires*, Paris, 1926, t. I. — Nous laissons de côté les considérations anatomopathologiques de Pierre Marie, et sa critique des centres d'images et de localisations trop strictes en ce qui concerne les composantes du langage.

[2] Ch. Foix, *Aphasies*, dans *Nouveau traité de médecine* de ROGER, WIDAL, TEISSIER, t. XVIII, Masson, 1928. — Notons d'autre part, que Foix revient à la vieille notion d'un *trouble intellectuel* d'ordre *amnésique*.

[3] Cf. *supra*, p. 86.

[4] K. GOLDSTEIN, *Language and Language Disturbances*, Grune-Stratton, 1948.

remonter d'abord jusqu'à Hughlings Jackson, dont les travaux sur l'aphasie (1864-1893), peu remarqués de son temps, n'ont recueilli que dans le nôtre l'attention qu'ils méritent [1].

Jackson range le langage — comme, en deçà et au-delà de ce dernier, la pantomime et l'écriture — parmi les *fonctions symboliques*. Il comprend, soudées l'une à l'autre, une série audito-articulatoire : les mots et les phrases, et une série rétino-oculaire : les images et relations entre images [2]. C'est, avec cinquante ans d'avance, l'idée saussurienne de *l'unité à double face*. Deux formes d'aphasies naissent alors suivant que se trouve compromis, soit le passage de l'image au mot, proféré ou intérieur, soit le passage du mot à l'image, elle-même support d'idée [3]. On reconnaît ici les deux types nosologiques qui nous sont familiers. C'est au premier, correspondant apparemment à l'aphasie de Broca, que Jackson réserve surtout son attention.

On sait que, pour le neurologiste anglais, la dissolution suit la marche inverse de l'évolution, et qu'elle détruit le complexe, l'inorganisé, le volontaire, en préservant ou libérant le simple,

---

[1] Cf. J. HUGHLINGS JACKSON, *Selected Writings*, Hodder-Stoughton, Londres, 1932, t. II, pp. 119-230. — Ces travaux de Jackson ont été analysés par HEAD (*op. cit.*, t. I, pp. 30-53) et — d'une façon magistrale, en tous points — par OMBREDANE (*op. cit.*, pp. 173-200).

[2] Sur le langage, *fonction symbolique*, cf. pp. 138 et 165 (" Words are in themselves meaningless, they are only symbols of things or of " images " of things; they may be said to have meaning " behind them ". A proposition symbolises a particular relation of some images ", le mot « images » couvrant ici, note JACKSON, " all mental states which represent things "); sur la pantomime, autre manifestation symbolique, et le " pantomimic propositionising ", cf. p. 164; sur la constitution d'opérations symboliques et pantomimiques à partir d'actions réelles, cf. p. 208 (" some parts of operations come to stand for whole operations "); sur la double série audito-articulatoire et rétino-oculaire et leur jumelage, cf. pp. 138-140; 143-144; 147-148; 187-188. — Enfin sur le terme *d'asémasie*, bien préférable à celui *d'aphasie*, créé par TROUSSEAU, pour la raison que toutes les fonctions de symbolisation ou signification (écriture, pantomime) et non seulement le langage verbal, sont atteintes, cf. p. 159 (" There is often a loss or defect in symbolising relations of things in any way ").

[3] JACKSON distingue les cas de *loss of speech (speechless patient)* ou *aphasia* (si l'on veut retenir ce terme) où l'usage volontaire de la série verbale, *externe* ou *interne*, est compromis, et les cas de *defect of speech* ou *imperception*, où le trouble porte sur l'évocation *volontaire* et la reconnaissance des images et idées associées aux mots (pp. 132, 141, 147, 161-163, 198, 226-231).

l'organisé, l'automatique. Baillarger, de qui Jackson lui-même proclame tenir cette vue, en avait déjà fait application au langage [1]. Le grand mérite de Jakson est d'exploiter à fond cette suggestion.

Nous avons distingué un langage affectif, un langage impératif (les deux, proches l'un de l'autre, au point que certains, comme Wundt, les rangent sous une rubrique commune), enfin — à un niveau plus élevé — un langage déclaratif, qui peut, soit s'insérer dans l'action et la situation concrète *(sympraktisch)*, soit se hausser au plan représentatif *(synsemantisch)*. Même en ce dernier cas s'échangent bien des propos de routine. La cime du langage est atteinte quand, dans un schéma syntaxique offert par la langue, un contenu mental inédit s'exprime en phrase coulée de neuf. Toutes ces distinctions, acquis de la linguistique d'àprésent, se trouvent, sous une terminologie à peine différente, chez Hughlings Jackson. En particulier, celui-ci — seul parmi les aphasiologues de son temps — n'a cessé de souligner que parler, ce n'est pas proférer des mots les uns à la suite des autres, mais former des propositions *(to propositionise)* [2].

---

[1] Cf. le texte cité pp. 3n, 125 et 171n : « L'analyse conduit à reconnaître, dans certains cas de ce genre, que l'incitation verbale involontaire persiste, mais que l'incitation verbale volontaire est abolie. Quant à la perversion de la faculté du langage caractérisée par la prononciation de mots incohérents, la lésion consiste encore dans la substitution de la parole automatique à l'incitation verbale volontaire », et les textes, beaucoup plus saisissants encore, cités par OMBREDANE, *op. cit.*, pp. 173-176.

[2] Cf. p. 159 (" To speak is not simply to utter words, it is to propositionise. A proposition is such a relation of words, that it makes one new meaning : not by a mere addition of what we call the separate meanings of the several words : the terms in a proposition are modified by each other. Single words are meaningless, and so is any unrelated succession of words. The unit of speech is a proposition. A single word is, or is in effect, a proposition, if other words are implied "); p. 227 (" A proposition —*e.g.* gold is yellow— consists of two names, each of which by conventional contrivances of position, etc. (called grammatical structure in well-developed languages) modifies the meaning of the other.... When we apprehend a proposition, a relation between two things is given to us—is for the moment, indeed, forced upon us, by the conventional tricks which put the two names in the respective relations of subject and predicate. We receive in a *twofold* manner, not the words only, but the order of the words also "). — Comme SAPIR, comme CHOMSKY, JACKSON a donc le sentiment le plus vif du langage, fonction non seulement

Il apparaît alors que l'aphasie ne détruit pas tout langage, mais, suivant une marche descendante, le langage propositionnel à l'exclusion de l'affectif, le langage représentatif à l'exclusion de celui que commande la situation, enfin le langage volontaire et créateur à l'exclusion de l'automatique et stéréotypé, où ne surnagent que *propositions mortes (dead propositions)* [1]. Nous sommes loin, comme on voit, des *centres d'images*, comme aussi de l'aphasie, trouble *intellectuel* d'ordre *amnésique*.

Entre autres suggestions de génie, Jackson signalait, sans cependant s'y attarder, le rôle essentiel de la syntaxe, tant dans *symbolique*, mais *syntaxique*. — C'est cette capacité de formuler des propositions, non seulement à voix haute, mais dans le langage intérieur qui est perdue chez l'aphasique (p. 130 : " That the speechless patient cannot propositionise *aloud* is obvious—he never does. But this is only the superficial part of the truth. He cannot propositionise internally. He can neither say, " Gold is yellow ", aloud nor to himself ". Cf. pour plus de développements, p. 160). — Enfin, ces troubles de l'expression retentissent sur la compréhension (pp. 140-141 : " No doubt he is lame in his thinking. He will be unable to learn novel and complex things, for he will be unable to keep before himself the results of complex arrangements of images. He cannot speak to himself, to tell himself what he has managed to think of things presented or represented in very novel and complex relations. He can bring two images into co-existence —existence in one unit of time—but cannot, whitout speech, organise the connexion, if it be one of difficulty " (cf. de même p. 167).

[1] Voici quelques exemples, s'ajoutant à ceux, très nombreux, que cite Jackson : un malade prié de dire « Nom de Dieu », s'écrie après de vains efforts : « Nom de Dieu! peux pas! » (Ombredane, *op. cit.*, p. 306).

Un autre, ne pouvant trouver le nom de son fils, qui est à son côté : « Aide-moi donc, Henri! » (*Ibid.*, p. 305).

Une dame, cherchant en vain le nom de sa fille : « Ma pauvre Juliette, voilà que j'ai oublié ton nom » (Janet, *L'intell. avant le langage*, p. 128).

Un malade, irrité de voir une infirmière sortir plusieurs fois de suite sans fermer la porte, s'écrie : « Cette vache-là ne va pas fermer la porte! » (Ombredane, *loc. cit.*, p. 315).

Le même, irrité de voir sa place prise : « Allez, oust! Va-t-en », puis « Ça fait trois fois que je te le dis, je vais t'arroser les pieds » et il inonde, en effet, les jambes de l'intrus avec un arrosoir *(Ibid.)*.

A noter, enfin, les phrases de situation, stéréotypées, non exceptionnelles chez ces patients : « Bonjour docteur », « Au revoir, docteur », « Comment allez-vous », etc...

Cf. pp. 134 et 160 la fine analyse de toutes les façons dont on peut dire : oui, ou : non. Propositionnellement, pour marquer l'accord ou le désaccord réfléchis, à demi propositionnellement dans une situation de routine, enfin affectivement. Mais l'usage volontaire le plus difficile est de répéter ces mots à froid, sur commande.

la réception que l'émission du langage [1]. C'est aux troubles de la syntaxe que se consacre l'ouvrage d'Arnold Pick : *Die agrammatischen Sprachstörungen* (Berlin, Springer, 1913), le premier à remettre Jackson en honneur. Soulignant que l'unité du discours, c'est la phrase et non le mot, que le sens d'une phrase n'est compris qu'à travers son schéma syntaxique, et qu'inversément, dans le progrès de la pensée à l'expression verbale, l'actualisation d'un schéma linguistique précède le choix des mots, l'auteur allemand mettait en vive lumière, dans le *jargon* aphasique plus particulièrement étudié par lui, la perversion des structures grammatico-syntaxiques.

Des études complémentaires, synthétisées par Isserlin [2], devaient caractériser deux altérations possibles de ces structures, l'une *(agrammatisme)* liée à l'aphasie de Broca et conduisant au style télégraphique, l'autre *(paragrammatisme)*, solidaire de l'aphasie de Wernicke, et dans laquelle, le schéma correct de la phrase se maintenant, les moyens grammaticaux — suffixes, flexions, mots fonctionnels — sont incompris ou employés à contresens [3].

L'œuvre monumentale de Head [4], la plus « psychologisante » de toutes, prend acte de la critique de Pierre Marie, intègre les apports de Pick et de Goldstein (en ses premiers travaux), enfin, et surtout, prolonge et approfondit Jackson. Pour Head, comme pour Pierre Marie, l'aphasie est une. Cependant, elle ne compro-

---

[1] P. 132 : " When any one says to me, " Gold is yellow" ... the speaker makes me a double gift; he not only revives words in my brain, but he revives them in a particular order—he revives a proposition. But if *I* have to say : " Gold is yellow ", I have to revive the words and I have to put them in propositional order. The speechless man can receive propositions [par automatisme], but he cannot form them—cannot speak ".

[2] M. ISSERLIN, *Über agrammatismus*, — *Zeitschrift für die gesamte Neurologie und Psychiatrie*, 75, 1922, pp. 322-410, qui fait suite à des suggestions de BONHÖFFER (1902), KLEIST (1913), GOLDSTEIN (1913), etc. Voir aussi le dernier état de la pensée de PICK (*Aphasie* dans BETHE, *Handbuch der normalen und pathologischen Physiologie*, Berlin, Springer, 1925), résumé sur épreuves par HEAD (t. I, pp. 126-128), et qui va dans le même sens.

[3] Comme JACKSON, virtuellement, en prévoyait la possibilité. Cf. *supra*, n. 1.

[4] H. HEAD, *Aphasia and kindred disorders of Speech*, 2v., Cambridge University Press, 1926.

met pas toute activité intelligente ou sensori-motrice, mais celles-là seulement qui supposent, à quelque moment de leur parcours, une *formulation et expression symbolique* [1].

Head désigne de ce nom la même fonction que Jackson voyait à l'œuvre dans le *propositionising* [2]. Comme cette dernière, elle intéresse, non seulement le langage, externe ou interne, mais toute espèce de symboles. Ainsi s'explique que fassent difficulté, chez beaucoup d'aphasiques, le calcul et les opérations arithmétiques, la lecture de l'heure, la compréhension des dates, les relations des pièces de monnaie, le plan d'une chambre, l'itinéraire à prévoir dans une ville. Ajoutons que le handicap croît en proportion de la complexité de la tâche et de l'abstraction des notions impliquées.

Si, maintenant, on distingue diverses formes cliniques d'aphasies, ce n'est pas qu'il s'agisse d'entités nosologiques tranchées, mais que la fonction symbolique achoppe électivement

---

[1] T. I, p. 211 : " By symbolic formulation and expression, I understand a mode of behavior in which some verbal or other symbol plays a part between the initiation and execution of the act ".

[2] T. I, p. 209 : " This conception almost exactly corresponds to the views put forward by Hughlings Jackson from 1868 onwards. He stated that the words disturbed in consequence of unilateral lesions of the brain were those employed in the " formation of propositions "; those which remain to the " speechless " patient are the same words used " non propositionally ", or in the lowliest form of proposition. Less severe destruction of speech disturbs the use of words in such a way that the higher and more abstract the " proposition ", the more likely is the patient to fail, not only in the emission of a correct verbal equivalent, but in the recognition within himself of the correct value of the proposition. As Jackson expounded this theory paper after paper, it assumed the greater number of the facts I have observed.

It is with the greatest reluctance therefore that I venture to change his nomenclature; for I believe that under the uncouth word " propositionising " is included what I understand by " symbolic formulation and expression ". This Jackson contrasted habitually with what he called " lower forms " of speech and thought. But the question as to what constitutes a proposition is so disputable, that it is better to avoid a term which is liable to be misunderstood and to lead to controversy. Moreover, it is doubtful whether this term is strictly accurate, even in Jackson's terms, and it certainly does not cover all the abnormalities observed in cases of aphasia and kindred disorders ".

— Il est d'ailleurs clair, pour qui lit Pierre Marie et à en juger par les exemples qu'il donne (calcul, mimique conventionnelle et descriptive, etc.), que c'est à cette même fonction symbolique que pense l'auteur français lorsqu'il parle d'actions acquises « par procédés didactiques ».

en l'un de ses points d'application, sans que pour autant soient préservés les autres.

Ces formes sont pour Head au nombre de quatre :

1. — *L'aphasie verbale* : trouble de la structuration des mots, dans le langage proféré ou intérieur, et secondairement dans l'écriture et la lecture, la compréhension subsistant, au moins pour les propos et ordres simples. On reconnaît, sous cette rubrique, le *loss of speech* de Jackson, comme aussi l'aphasie de Broca, non interprétée toutefois comme une anarthrie.

2. — *L'aphasie syntaxique* : qui englobe les cas de jargon, logorrhée et verbigération impulsive, rangés d'ordinaire dans l'aphasie de Wernicke [1]. Elle correspond à l'*agrammatisme* de Pick, ou plus exactement au *paragrammatisme* de ses continuateurs, non familiers à Head [2]. C'est ici la structure rythmique et grammaticale de la phrase orale, qui n'est ni respectée ni comprise. Écriture et lecture pâtissent moins et le dommage paraît relativement circonscrit.

3. — *L'aphasie nominale* : qui fait ressouvenir de Goldstein, compromet la nomination, la désignation et plus généralement la symbolisation sous toutes ses formes : mots parlés ou écrits, images, dessins, plans. S'y trouve directement atteint le lien entre signifiant et signifié.

4. — *L'aphasie sémantique* : trouble dans la compréhension et restitution des ensembles : séquences de mots organisés en phrases, orales ou écrites; composantes successives d'une tâche complexe. Elle affecte, non plus comme l'aphasie nominale le *sens* des mots isolés, mais celui des constructions et phrases.

On considère généralement que si l'*aphasie verbale* correspond

---

[1] Aussi bien résulte-t-elle, selon HEAD, de lésions temporales.

[2] T. I, p. 240 : " not only is the articulatory balance of words or word-groups affected, but the structural form of the phrase is disordered from want of those verbal elements which help to knit it together. For this reason, I have spoken of these defects as syntactical, rather than as agrammatism, because they go deeper than grammar and affect the very basis of one aspect of the formation and use of language ".

à l'aphasie de Broca, les trois autres recouvrent l'aphasie de Wernicke, au moins telle que l'entendait Pierre Marie [1]. Elles auraient « le grand mérite de constituer une première approche des troubles du langage à travers ses articulations linguistiques, syntagmatique, d'une part, et sémantique, d'autre part » [2]. Ombredane nous paraît, cependant, plus fidèle à la pensée de Head, lorsqu'il écrit : « En résumé, le langage de l'aphasique se montre atteint de deux manières : par trouble de la signification et par trouble de l'utilisation. L'aphasie sémantique et l'aphasie nominale sont essentiellement des troubles de la signification; l'aphasie syntaxique et l'aphasie verbale sont des troubles de l'utilisation des ensembles symboliques » [3].

Ainsi résumée, la pensée de Head ne se situerait peut-être pas très loin de celle de Goldstein, telle qu'elle s'exprime dans ses derniers ouvrages. En particulier, celui-ci a noté — en même temps qu'un large accord avec Jackson — les analogies qui se font jour entre la *formulation symbolique* selon Head et ce que lui-même appelle l'*attitude abstraite* [4].

[1] R. Tissot, *op. cit.*, 1966, p. 6.
[2] *Ibid.*
[3] *Op. cit.*, p. 234. Il ajoute « on retrouve ici la distinction Jacksonienne des deux grands syndromes aphasiques, l'un où le trouble du langage est primitif, l'autre où le trouble du langage est secondaire à l'imperception, c'est-à-dire au trouble de l'usage propositionnel des perceptions dans lesquelles se réalise le sens des mots » (pp. 234-235).
[4] Cf. *Language and Language disturbances*, 1948. — Goldstein nomme *dédifférenciation d'une fonction* ce que Jackson appelait *désintégration* (p. 4), et il en déduit la même dualité de symptômes : négatifs et positifs (p. 8). — Parmi les *dédifférenciations*, l'une des plus importantes à considérer dans le cas de l'aphasie, est celle qui concerne *l'abstract attitude* (p. 5). Cette dernière s'identifie à peu près avec la *fonction symbolique* de Head : " Abstract behavior is about the same as what Henry Head has called symbolic behavior in relation to speech " (p. 7). Plus lointainement, elle renoue avec le *loss of power to propositionise* de Jackson : " Aphasia for Jackson is one expression of a defect of a basic mental function, similar to what I later called abstract attitude " (p. 22). — Tous ces auteurs s'opposent en commun aux vues atomistes et associationnistes, en honneur à la fin du XIXe siècle, et signalent dans l'aphasie un trouble fondamental de la *signification (meaning)* lié lui-même, selon Goldstein, à l'atteinte de *l'abstract attitude*.
Cependant, Goldstein apparaît moins unitariste que Marie et Head : " Pierre Marie was correct in rejecting the attempt to understand aphasia as loss of images, and in distinguishing two essentially different forms o

speech disturbances in brain damage. Here he approached my distinction between speech disturbances due to impairment of meaning of words and of instrumentalities. But in his theory, he could not do justice to the complexity of the phenomenon of speech and its disturbances in patients. He overlooked particularly the close relationship between both groups of disturbances. He who stressed so much the relation of speech disturbances to intelligence disturbance, did not clarify the issue, because what he called intelligence was too diffuse a concept" (p. 105). " The problem of speech disturbances cannot be settled simply with stress on the significance of meaning.... However highly I evaluated the significance of the phenomenon of meaning for understanding aphasic symptoms, I never neglected the disturbances of instrumentalities. I stressed, for example, their significance in opposition to the explanations of Head who, indeed, had not done justice to them " (p. 24).

Goldstein distingue donc, dans un sens, sinon dans des termes, tout à fait jacksoniens, un *langage abstrait* et un *langage concret* (émotionnel, situationnel, etc.), qui correspondent respectivement, l'un à *l'abstract attitude*, l'autre aux *instrumentalities of speech* ou automatismes sensori-moteurs à l'œuvre dans le langage. Il oppose corrélativement deux sortes de troubles, portant, les uns sur la *signification*, les autres sur les *instrumentalities*. On peut prévoir, cependant, que les formes pures seront rares et que les déficiences de l'abstraction retentiront, en beaucoup de cas, sur les automatismes, et inversement. L'expérience confirme ces vues. D'où le tableau suivant :

1. — *Aphasie motrice*
2. — *Aphasie sensorielle*
⎱ par atteinte des *instrumentalities* motrices ou sensorielles.

3. — *Aphasie motrice centrale*
4. — *Aphasie sensorielle centrale*
⎱ par atteinte supplémentaire de *l'abstract attitude* et — pour l'aph. sensorielle — du *langage intérieur*.

5. — *Aphasie centrale* :
(cf. « *Aphasie de conduction* » de Wernicke
« *Aphasie syntactique* » de Head).
⎱ par atteinte du *langage intérieur*, la plus haute des *instrumentalities of speech*, et la plus proche des *nonspeech mental processes* (pp. 94, 278, 229n).

6. — *Aphasie amnésique*
(« *Aph. nominale* » de Head).
⎱ par atteinte de la *signification* et de *l'abstract attitude*.

7. — *Aphasie « transcorticale »* (terme repris à Wernicke. (Cf. « *Aph. sémantique* » de Head?).
⎱ par atteinte des *processus mentaux extra-linguistiques, (non language mental performances)*.

Beaucoup moins unitariste qu'on ne l'a dit, GOLDSTEIN, est aussi beaucoup moins « noéticien », et les relations entre langage et pensée, tant au niveau abstrait que concret, sont pour lui d'un ordre assez complexe, non exclusif d'influences dans les deux sens (cf. pp. 104 ss.).

Pour ce qui est des rapports entre Goldstein et Head, il est clair que l'aphasie amnésique de l'un s'identifie à l'aphasie nominale de l'autre. S'il est vrai que Head met moins l'accent sur les *instrumentalities of language*, il reste, cependant, comme le souligne Ombredane, qu'aphasies verbale et syntaxique apparaissent plutôt comme des troubles, non de la symbolisation comme telle, mais de *l'utilisation des ensembles symboliques*.

La même inspiration persiste chez nombre d'auteurs actuels, quoique l'ancienne tendance atomiste ait gardé des partisans [1].

[1] La tendance localisatrice et associationniste se perpétue chez S. E. HENSCHEN (1920, 1922), K. KLEIST (1922 à 1959), K. WILSON (1909 à 1926), J. M. NIELSEN (1946). — Les auteurs français poursuivent, en général, dans la ligne tracée par Ch. FOIX, lequel rapprochait P. Marie de Déjerine. Th. Alajouanine et ses élèves, notamment Ombredane, sont les protagonistes d'un néo-Jacksonisme (cf. T. ALAJOUANINE, A. OMBREDANE, M. DURAND, *le syndrome de désintégration phonétique dans l'aphasie*, Masson, 1939, qui décrit, dans l'anarthrie et aphasie de Broca, une désintégration phonétique parallèle, encore que de marche inverse, au syndrome de retard du langage; T. ALAJOUANINE, P. MOZZICONACCI, *L'Aphasie et la désintégration fonctionnelle du langage*, Paris, L'Expansion scientifique française, 1947, qui définit, entre anarthrie et agnosie, deux types d'aphasies, étiquettées de *Broca* et de *Wernicke*, et interprétées dans un sens jacksonien et gestaltiste; A. OMBREDANE, *l'Aphasie et l'élaboration de la pensée explicite*, 1951, qui traite des composantes sensori-motrices, de l'aspect symbolique, enfin de la modification psychique globale dans l'aphasie). — J. de Ajuriaguerra et H. Hecaen attestent davantage l'influence de Goldstein (cf. leur livre : *Le cortex cérébral*, 2e éd. refondue, Masson, 1964, pp. 159-247. Cf. p. 244 : « Pour nous, l'aphasie amnésique, l'aphasie de conduction représentent des troubles frappant l'articulation pensée-langage dans leur forme primaire, soit sous l'angle de la catégorisation *(aphasie amnésique)*, soit sous l'angle de l'ordination dans le temps *(aphasie de conduction)*. Les autres formes d'aphasies, sensorielle ou motrice, représentent au contraire la pathologie du langage proprement dit, instrumentale »).

La dualité : *aphasie de Broca* (ou *expressive*), *aphasie de Wernicke* (ou *réceptive*), se retrouve chez les behavioristes : F. WEISENBURG et K. E. Mc BRIDE, *Aphasia, a clinical and psychological study*, New York, Hafner, 1964, de même que chez H. GOODGLASS et son école.

L'influence de HEAD et de GOLDSTEIN, encore, est sensible chez W. R. BRAIN, *Speech Disorders*, Londres, Butterworths, 1961 (cf. aussi *Disorders of Language*, A Ciba Symposium, Londres, Churchill, 1964, pp. 251-256), qui distingue, en dehors des mutités ou surdités verbales, une *aphasie de Broca*, une *aphasie nominale*, enfin une *aphasie centrale* (= l'*aph. centrale* de Goldstein, l'*aph. de conduction* de Wernicke, l'*aphasie sensorielle* de Wernicke, celle-ci, impliquant, en outre, une certaine surdité verbale, enfin l'*aphasie syntaxique* de Head). L'aphasie nominale est " a disturbance of the symbolic element in speech, for it is the use of words in their capacity of symbols, that is to stand for things, that is primarily at fault " (p. 96). L'aphasie centrale affecte le langage intérieur, le schème central du mot, interposé entre schèmes sensoriel et moteur, enfin la relation entre *word schema* et *word meaning schema*, autrement dit " the relationship of speech to meaning " (*Disorders...*, p. 253).

Mais le continuateur le plus radical de Trousseau, Finkelnburg, P. Marie, Jackson, Head, et surtout Goldstein est certainement l'aphasiologue allemand E. BAY (cf. *Principles of classification and their influence on our concepts of aphasia*, dans *Disorders of language*, pp. 122-142 et 166-167).

L'auteur refuse toute dichotomie : *aphasie d'expression/aphasie de compréhension*, car si la compréhension *paraît* parfois mieux préservée, c'est que : " it is an intrinsic factor of language that the expressive side is more difficult

Mais l'événement le plus marquant des années récentes réside dans les formulations linguistiques, voire sémiotiques, que, de divers côtés, on a tentées de l'aphasie. Deux noms s'imposent, à cet égard, ceux de Luria et de Jakobson.

Luria décrit la portée du langage, *second système de signalisation*, en des termes qui rappellent Goldstein, plus encore que Pavlov [1].

than the receptive. In normal subjects, as well a in aphasiacs, there are always more errors in expressive than in receptive activities " (p. 140. Cf. pp. 123, 131).

Il n'y a qu'une aphasie, méritant ce nom, c'est l'aphasie dite amnésique, trouble de la nomination et de la désignation (et non du *rappel* des mots!) : " amnesic aphasia represents pure aphasia proper, including a normal reaction of personality to the defect " (p. 134, cf. p. 136). S'y ajoutent éventuellement des troubles extra-linguistiques qui donnent les combinaisons suivantes :

1. — *Aphasie* + *dysarthrie corticale, trouble moteur* (= ± aph. « *motrice* »).
2. — *Aphasie* + *trouble auditif dans l'appréciation des séquences temporelles* (= ± aph. « *sensorielle* »).
    + *euphorie et manque d'auto-critique débordant la sphère du langage* (→ *logorrhée, jargon*).
3. — *Aphasie* + " *lack of ideas* " lié à dommage diffus du cerveau (→ *inertie, écholalie*),

cette liste n'étant d'ailleurs pas limitative et devant peut-être faire place à des troubles extra-aphasiques, mais affectant le langage " as an linguistic entity " (p. 135).

L'aphasie proprement dite est définie comme : " definitely not a disorder of speech, but rather a disorder of conceptual thinking and of language insofar as language is our indispensable tool for conceptual thinking " (p. 138). Elle n'est pas une démence, mais comme disait P. Marie : " a *special* defect of intelligence, that is... a defect of a special aspect of intelligence " (p. 167).

Pour illustrer ce défaut, Bay fait appel à la notion d'asymbolie de Finkelnburg, et au *propositionising* de Jackson. Il note que l'aphasique échoue à formuler des propositions, non seulement par mots, mais par gestes. Enfin, il ne peut détecter des absurdités dans des images, ni dessiner ou modeler des objets de mémoire. C'est donc, quoique Bay ne le dise pas en propres termes, la faculté d'évocation et représentation symbolique — verbale ou autre — qui est atteinte.

[1] A. R. Luria, *Factors and Forms of Aphasia*, dans *Disorders of Speech*, 1964, pp. 143-167. " Man's speech activity, which is based on the interaction of separate analyzers, not only participates in the creation of an abstract and generalized picture of the world, but also creates new conditions for the regulation of human behaviour. Speech allows us to single out the essential aspects of the stimulation which impinges on us, to analyze the conditions of the tasks which are posed, to formulate an intention, to plan for their solution and to collate the results obtained with the initial plans " (p. 143). C'est à peu près, mot pour mot, la description de l'attitude abstraite chez Goldstein.

Un double code, phonémique et sémantique, ce dernier jouant au double niveau du mot et du syntagme, permet à l'individu d'exprimer verbalement sa pensée en passant par l'étape de la formulation interne. — Dans l'aphasie, soit *sensorielle*, soit *motrice*, le défaut primaire, ni sensori-moteur ni intellectuel, affecte le système phonémique, les autres composantes, s'il en existe, dérivant de celle-ci [1]. — L'aphasie *amnésique*, rompt le lien de *signification* qui va du mot à la chose [2]. Rarement isolée, elle s'intègre normalement à l'aphasie *sémantique*, qui, elle, compromet l'interprétation logico-grammaticale des constructions et phrases. Liée à des lésions pariéto-temporo-occipitales, elle empêche l'évocation et interrelation simultanée de termes multiples, que suppose, non seulement la compréhension des combinaisons syntaxiques, mais, plus généralement, la faculté de s'orienter, de calculer et de construire [3]. — Enfin, l'aphasie *dynamique*, sans brouiller nul des codes de la langue, freine leur utilisation dans la prédication et le discours créateur (*propositionising* de Jackson). Issue de lésions frontales (3e circ.), elle compromet le langage intérieur, point de commutation entre la pensée condensée et la formulation explicite.

---

[1] Luria distingue une *aphasie sensorielle* [= aph. de Wernicke], par défaut d'analyse phonémique dans la perception et une *aphasie acoustico-amnésique* par fragilité des structures phonémiques dans le souvenir; et du côté moteur : une *aphasie motrice afférente* ou *kinesthésique*, d'ordre ataxique, qui compromet l'articulation différentielle des phonèmes, et une *aphasie motrice efférente* ou *cinétique*, qui compromet leur organisation en séquences. Cette dernière, quand elle se complique de troubles secondaires, correspond à l'aphasie de Broca.

[2] P. 158.

[3] P. 156 : " Those logico-grammatical relations which in the Indo-European languages are based on the case forms, auxiliary words (conjunctions and prepositions), and the arrangement of the words in the sentence, always demand operations with completely *simultaneous systems of connexions* beyond the limits of the immediate meaning of the word, and involve simultaneous groups of interrelated meanings ". Aux constructions casuelles et prépositionnelles (sous leurs formes inversées comme *my brother's father*, ou *my father's brother*), Luria ajoute plus loin les constructions comparatives, les doubles négatives, les subordinations récursives, les inversions, enfin les " distant constructions " qui relient mots séparés. Il y a là un sentiment très juste de l'effort que demande l'interprétation sémantique de la syntaxe.

Non sans raison, on a rapproché cette vue d'autres, contemporaines, qu'inspirent Jackson, Head et Goldstein [1]. La nouveauté réside ici dans une référence aux concepts directeurs — d'ailleurs très généraux — de la linguistique : la langue, sous son triple aspect phonémique, lexico et syntactico-sémantique, et le discours [2].

Il est remarquable que, parmi les linguistes, Saussure, déjà, avait porté son intérêt sur l'aphasie et suggéré de celle-ci une interprétation *sémiotique* : « dans tous les cas d'aphasie ou d'agraphie, ce qui est atteint, c'est moins la faculté de proférer tels ou tels sons ou de tracer tels ou tels signes que celle d'évoquer par un instrument, quel qu'il soit, les signes d'un langage régulier. Tout cela nous amène à croire qu'au-dessus du fonctionnement des divers organes, il existe une faculté générale, celle qui commande aux signes, et qui serait la faculté linguistique par excellence » [3].

C'est également dans une perspective sémiotique, et — par bien d'autres traits encore, comme on le verra — éminemment saussurienne, que R. Jakobson aborde le problème [4].

---

[1] E. STENGEL dans *Disorders of Speech*, p. 166 : " There are interesting similarities between Professor Luria's and Professor Bay's papers " et la suite.

[2] Vont dans le même sens les suggestions de T. ALAJOUANINE, F. LHERMITTE, et collaborateurs, dans *Les composantes phonémiques et sémantiques de la jargonaphasie*, - *Revue Neurologique*, 110, 1964, pp. 5-20 (voir aussi T. ALAJOUANINE, O. SABOURAUD, B. DE RIBEAUCOURT, *Le jargon des aphasiques. Désintégration anosognosique des valeurs sémantiques du langage - J. de Psychologie*, 45, 1952, pp. 158-180 et 293-330, et l'analyse de ces contributions dans TISSOT, *op. cit.*, pp. 44-45 et 64). Ces auteurs distinguent dans le cadre traditionnel de l'aphasie de Wernicke, deux types de *paraphasies* (phonèmes pour un autre; mot pour un autre) et deux types correspondants de jargons. L'un altère la structure phonémique des mots, soit spontanés, soit répétés, sans porter atteinte à la compréhension, signification, interprétation d'images, etc. Intervient ici une perturbation du système auditive-articulatoire. — Dans l'autre, la répétition est correcte, mais la compréhension est compromise et le lien signifiant — signifié brouillé. Ajoutons que, dans ce dernier cas, les exigences grammatico-syntaxiques peuvent être respectées.

[3] *Cours*, p. 27.

[4] Cf. (outre un ouvrage paru à Stockholm en 1941 : *Kindersprache, Aphasie und Allgemeine Lautgesetze*) : *Two aspects of language and two types of aphasic disturbances*, dans R. JAKOBSON, *Fundamentals of language*, Mouton, La Haye, 1956, pp. 53-82, [traduit dans *Problèmes de linguistique générale*, pp. 43-67] et *Towards*

Au *code* et au *contexte*, conditions essentielles d'un message, correspondent les « deux opérations fondamentales du comportement verbal » : la *sélection* et la *combinaison*, gouvernées respectivement par la *similarité* et la *contiguïté* (Kruszewski, 1883) — éventuellement par la *métaphore* et la *métonymie*. Les dites opérations jouent au double niveau du *phonème* et du *morphème*. Elles jouent, également, mais en succession inverse, tant chez le locuteur que chez l'auditeur. Le premier commence par faire choix des unités pour, ensuite, les combiner. Il passe de l'analyse à la synthèse. Le second reçoit le message sous forme synthétique et déjà combinée. A lui de l'analyser et d'en détecter les constituants. C'est la *combinaison*, et non la sélection préalable, qui fait difficulté dans l'*encodage*, tandis que le *décodage* met en jeu l'opération finale de *sélection*.

Ceci conduit Jakobson a refuser toute vue unitariste de l'aphasie, et à distinguer, d'une part, *des troubles de l'encodage* ou *désordres de la contiguïté*, qui correspondent à l'aphasie de Broca, d'autre part, des *troubles du décodage* ou *désordres de la similarité* qui s'identifient à l'aphasie de Wernicke. Les premiers, abolissant tout contexte, compromettent du même coup le langage intérieur. Les seconds rendent impossibles les opérations métalinguistiques. Il est juste d'ajouter que, de même qu'on peut comprendre une langue sans nécessairement la parler, les difficultés du décodage retentissent sur l'encodage, mais non inversement.

Sous ses deux formes, l'aphasie se manifeste au double niveau des phonèmes et des morphèmes, sans qu'il y ait lieu de chercher ici une priorité, puisque c'est soit la *combinaison*, soit la *sélection* COMME TELLES qui manquent leur but [1].

L'aphasique de Broca a de la peine à enchaîner les phonèmes, l'aphasique de Wernicke à les choisir (confondant par ex. b et

a linguistic typology of aphasic impairments dans *Disorders of language*, 1964, pp. 21-46. Dans cette dernière contribution, Jakobson nuance et complète sa conception de façon à l'harmoniser avec celle de Luria.

[1] " Both Kinds of disturbances may reinforce each other, but one could hardly deduce one of these two linguistic levels of disturbances from the other... " (1964, p. 28).

p, et d'autres traits distinctifs). Le premier garde le sens des *racines*, des mots autonomes et du lexique, non celui des suffixes, des mots fonctionnels, de la rection, de l'accord, et de la prédication *(agrammatisme)*. Chez le second, racines, noms, termes lexicaux cessent d'être compris, tandis que subsistent, intacts, articles, pronoms, connectifs, outils grammaticaux et syntaxiques, qui servent à lier la phrase [1].

Développée pour l'essentiel dès 1956, cette conception a subi diverses retouches pour couvrir les six formes d'aphasies distinguées par Luria [2]. Quel que soit le respect dû au grand nom de

[1] *Ibid.*, pp. 25-31. — On trouve une conception analogue, sous une terminologie plus fidèlement saussurienne encore, chez O. SABOURAUD, J. GAGNEPAIN, A. SABOURAUD (*Vers une approche linguistique de l'aphasie* - Rev. Neuropsychiatrique de l'Ouest, 1963, 1, pp. 6-13; 2, pp. 3-38; 3, pp. 3-38; 4, pp. 3-20; *Aphasie et Linguistique* - Rev. du Praticien, 1965, 15, pp. 2335-2345. — Cf. l'analyse de ces travaux dans TISSOT, *op. cit.*, pp. 43-44), où aphasie de Broca et aphasie de Wernicke sont définies comme perturbant, au double niveau phonémique et morphémique, l'une la fonction de *contraste (axe syntagmatique)*, l'autre la fonction *d'opposition (axe paradigmatique)*.
Par contre, chez H. HECAEN, J. DUBOIS, R. ANGELERGUES et leurs collaborateurs (*Comparaison neurolinguistique et neuropsychologique de deux observations anatomocliniques d'aphasie* - Rev. Neurolog., 1964, 3, pp. 401-414; *Etude neurolinguistique de l'aphasie de conduction* - Neuropsychologia, 11, pp. 9-44. Cf. TISSOT, *op. cit.*, pp. 67, 70, 74-76, 78), le couple *troubles du décodage/troubles de l'encodage* ou *perte du support lexical/perte du support syntagmatique*, est mis en parallèle, non avec le couple *aph. sensorielle/aph. motrice*, mais avec celui de *l'aph. amnésique/ aph. de conduction*. (Cf. notre brève notice sur la classification d'Ajuriaguerra et Hécaen, *supra*, p. 152, n. 1). L'aphasie de conduction (ou *aphasie centrale* dans la terminologie de Goldstein et Brain, *aphasie syntaxique* dans celle de Head) compromettrait l'encodage, tant phonémique que morphémique, à l'exclusion de toute atteinte du décodage.
Enfin, il existe des analogies entre la conception de Jakobson et celle de Lenneberg (*Biol. Found. of language*, pp. 188-226, surtout pp. 218-219, cf. aussi p. 97), lequel, cependant, semble ne retenir que l'aspect *combinaison*, et présente les divers syndromes aphasiques comme " disorders of timing mechanisms " (p. 218).

[2] *Aphasie motrice afférente et aphasie acoustico-amnésique* (cf. *supra*, p. 154, n. 1), sont présentées comme des formes intermédiaires qui compromettent, l'une la *combinaison* dans la *simultanéité*, l'autre la *sélection* dans la *succession* (1964, pp. 33-35). *Aphasie dynamique* et *aphasie sémantique* sont données pour des formes atténuées des troubles de l'*encodage* et du *décodage*, impliquant limitation plus que désintégration, et faisant surtout sentir leur influence dans les articulations entre phrases dans le discours, quoique l'aphasie sémantique affecte aussi l'intérieur de la phrase. « Réinterprétant » ses symptômes, tels qu'ils sont donnés par Luria, Jakobson y voit une confusion ou dédifférenciation entre *classes grammaticales* et *fonctions syntaxiques* dans des phrases réduites au schéma élémentaire : *sujet-verbe*, ou *sujet-verbe-objet*, l'ordre des mots l'emportant sur

son auteur, on peut douter que cette systématisation fondée exclusivement sur le schéma saussurien des deux axes, doive satisfaire les linguistes plus que les aphasiologues [1]. Il est remarquable que, chez Jakobson, phonologiste d'origine, les troubles de la signification comme telle, passent entièrement à l'arrière-plan. Luria paraît autrement fidèle à la réalité clinique et psychologique, lorsqu'il distingue des troubles d'origine *phonémique* d'une part, *sémantique* de l'autre, et lorsqu'il réserve à l'aphasie de ce dernier nom — en y incluant l'aphasie nominale ou « amnésique » — une place de choix [2].

Dans l'aphasie nominale et sémantique, phonèmes, morphèmes et mots (sous leur aspect de signifiants), enfin structure et règles syntaxiques subsistent, intacts. Si la *fonction symbolique* comme telle s'y obscurcit, *la langue* sous son aspect formel, et entendue au sens chomskyen plus que saussurien, échappe à toute atteinte. « On est en droit de se demander, écrit Tissot, si certains agrammatiques n'ont pas perdu l'ordre structural de la phrase tout en conservant le plan du sens, alors qu'au contraire, les malades atteints d'aphasie sémantique, au sens de Head et Luria, pourraient avoir conservé l'ordre structural et linéaire de la

les catégories morphologiques, et la syntaxe sur la morphologie. Ainsi l'équivalent russe de : « sororem uxor amat » est-il compris comme : « soror uxorem amat ». "The syntagmatic axis suppresses the paradigmatic axis " (p. 33; cf. pp. 31-33, 37, 39).
Cette systématisation nous paraît sacrifier pas mal de la richesse qu'offrent les analyses de Luria, et plus anciennement celles de Head, à qui renvoie expressément Luria (p. 157). C'est donc sans justification aucune que Jakobson écrit : "Luria's use of the label semantic... somewhat deviates from the meaning given to this term by Head".

[1] Cf. le scepticisme manifesté par Tissot, *op. cit.*, pp. 42-44 et 76, qui interprète d'ailleurs inexactement la dichotomie *limitation-désintégration* de Jakobson, grâce à quoi il la trouve plus acceptable que le reste.

[2] "We have tried to distinguish the factors which underlie the phonemic and articulatory organization of speech, and to describe the forms of aphasia which arise during disturbance of these factors. The same must be done for the semantic organization of speech. Here, we must search for some general paralinguistic factors, a task which will be far more difficult " (p. 155).
Luria distingue donc des destructions du *code phonémique* et des destructions du *code sémantique*. Quant à la destruction du *contexte* selon Jakobson, elle n'intervient selon Luria que dans l'*aphasie dynamique*, par opposition aux cinq autres formes qui portent sur les *codes* eux-mêmes (p. 160).

phrase, bien que ce dernier ait perdu pour eux sa valeur de support du sens » [1].

Il faudrait alors définir l'aphasie de Broca et l'agrammatisme qui lui est lié (style télégraphique) comme une dissolution de la grammaire et de la *langue*. C'est bien à quoi invitent Jakobson et Sabouraud, si l'on transpose leurs vues dans un contexte moins étroitement saussurien [2].

D'autre, cependant, ont expliqué l'agrammatisme par une réaction d'économie devant le *coût de l'encodage*, et par la « détresse verbale » qu'éprouvent ces malades, et qui se marque, hors de toute grammaire, par la réduction de leur vocabulaire [3]. C'est revenir à une vue de l'aphasie de Broca, comme maladie de la *parole* et du *discours*, la *compétence* persistant, tandis que pâtit la *performance* (Chomsky). Il semble bien que c'est à ce dernier parti que se rangeraient Jackson, Head, Goldstein et Luria (aph. « *dynamique* »). Mais il est juste d'ajouter que la notion de syntaxe, comme *structure formelle*, n'a pas encore pénétré chez ces auteurs.

Il resterait, en tout état de cause, à situer entre les pôles extrêmes signalés par Tissot, ces formes apparentées de l'aphasie de Wernicke (entendue au sens le plus large, et cette appellation faisant ici fonction d'étiquette) qui ont noms : *jargon et paraphasies* (cf. Alajouanine - Lhermitte) ; *aphasie syntaxique* (Head) ; : *aphasie centrale* (Goldstein, Brain) ; *aphasie de conduction* (Hécaen).

On a vu que ALAJOUANINE et LHERMITTE distinguaient pareillement deux types de jargonaphasies : phonémique et sémantique, et mettant en cause, chacune à leur niveau, tant l'encodage que le décodage.

[1] *Op. cit.*, p. 85. — Mais nous ne pouvons suivre cet auteur lorsqu'il croit rendre compte de l'aphasie sémantique par une perte du *sens contextuel* des mots (Saussure), qu'il confond avec leur *sens syntaxique (constructional meaning)*. Cf. pp. 83-84.

[2] Cf. JAKOBSON, *loc. cit.*, p. 27 : " ... the deficit is primarily grammatical in the afferent type of aphasia, but primarily lexical in the sensory type ". — Dans le même sens, vont les indications de GOODGLASS, qui admet, cependant la dissociation possible de troubles syntaxiques d'une part, morphologiques et flexionnels de l'autre. Cf. TISSOT, *op. cit.*, pp. 68 et 87.

[3] Cf. TISSOT, pp. 64, 68, 88.

La plus grande diversité d'avis règne concernant la description, la délimitation, enfin la conception théorique de ces syndromes. Troubles de l'émission, de l'*encodage* (Hecaen), de l'*utilisation* des ensembles symboliques pour les uns (Head, Ombredane), ils affectent suivant d'autres, dans une mesure moindre (Goldstein) ou égale (Alajouanine - Lhermitte, Tissot), la compréhension, la *symbolisation* elle-même. Déficit lexical, préservant suffixes et mots fonctionnels, selon Jakobson, déficit grammatical, au contraire, pour Isserlin et Head, ils consistent, suivant d'autres encore (Alajouanine, Lhermitte, Goodglass, Tissot) en l'emploi aberrant des morphèmes tant lexicaux que grammaticaux [1]. Bref, des quatre formes décrites par Head, c'est sans doute l'aphasie syntaxique qui fait le plus problème, la question demeurant de savoir si elle affecte davantage symbolisation ou utilisation, et d'autre part, dans quelle mesure *la langue*, comme structure syntaxique, s'y désagrège. On a vu qu'Alajouanine - Lhermitte distinguaient deux sortes de jargons, *phonémique* et *sémantique*, et que, pour Bay, le jargon sémantique suppose une aphasie nominale, jointe à une euphorie qui enlève au malade toute inhibition et auto-critique [2]. Concernant la syntaxe, on s'accorderait à reconnaître que « les malades atteints de paragrammatisme conservent un bon schéma des énoncés verbaux », mais que « les outils du langage s'y contaminent les uns les autres, comme s'y contaminent tous les monèmes. Autrement dit, ces malades seraient paraphasiques pour les morphèmes comme pour les lexèmes » [3]. Les dissolutions de la syntaxe, comme telle, seraient donc à chercher dans l'aphasie de Broca. Dans le paragrammatisme de l'aphasie de Wernicke, il faudrait voir — hors les cas de brouillage phonémique — un sous-produit du trouble sémantique.

---

[1] Cf. diverses notes plus haut, et, pour Tissot, son ouvrage, pp. 46, 64-65, 80-81, 88.

[2] Cf. *supra*, pp. 152, n. 1 et 155, n. 2 et *Disorders of Speech*, p. 134.

[3] Tissot, *op. cit.*, p. 88. — Dans la terminologie de Martinet, employée ici par Tissot, les unités signifiantes, « monèmes », se divisent en « morphèmes » (grammaticaux) et « lexèmes » (lexicaux).

Il serait vain de conclure, le problème de l'aphasie étant loin d'être tiré au clair. Il apparaît, cependant, que si, dans les années récentes, des linguistes se sont penchés sur l'aphasie, peut-être provisoirement sans grand profit, les cliniciens avaient dès longtemps devancé linguistes et psychologues dans la délimitation de leurs concepts de base. Nature symbolique et syntaxique du langage, distinction de la langue et du discours, des composantes phonémique, syntaxique et sémantique de la langue, et des types différents de discours : affectif, impératif, déclaratif; sympratique ou synsémantique; stéréotypé ou créateur; rôle insigne du langage intérieur, où se rencontrent et s'articulent pensée implicite et formulation verbale, — autant de notions qui vont se précisant et s'illustrant de mille manières chez ceux que Head appelle les *clinical psychologists* et dont la lignée remonte à Hughlings Jackson. Notre bref survol n'a pu donner l'idée de la richesse d'observations et réflexions dont témoignent leurs analyses, et qui fait contraste avec la pauvreté des données recueillies au laboratoire. En ce domaine comme en bien d'autres, la méthode pathologique se révèle, en des mains expertes, une auxiliaire de choix pour la psychologie générale.

PRINCIPAUX OUVRAGES CITES

J. DE AJURIAGUERRA, H. HÉCAEN, *Le cortex cérébral, étude neuro-psychopathologique*, Paris, Masson, 1960[1], 1964[2].

T. ALAJOUANINE, A. OMBREDANE, M. DURAND, *Le syndrome de désintégration phonétique dans l'aphasie*, Paris, Masson, 1939.

T. ALAJOUANINE, P. MOZZICONACCI, *L'aphasie et la désintégration fonctionnelle du langage*, Paris, Expansion scientif. Franç., 1947.

E. BENVENISTE, *Problèmes de Linguistique générale*, Paris, N.R.F., 1966.

L. BLOOMFIELD, *Language*, Yale U.P., 1933.

F. BOAS, *Handbook of American Indian Languages*, N.Y., Bureau of American Ethnologists, 1911.

J. BOBON, *Introduction historique à l'étude des néologismes et des glossolalies en psychopathologie*, Paris, Masson, 1952; *Psychopathologie de l'expression*, Paris, Masson, 1962.

R. W. BRAIN, *Speech Disorders*, Londres, Butterworths, 1961.

F. BRESSON, *Le langage* dans FRAISSE-PIAGET, *Traité de Ps. Exp.*, t. VIII, Paris, P.U.F., 1965, pp. 1-92.

R. W. BROWN, *Words and Things*, Glencoe, Ill., Free Press, 1958.

K. BÜHLER, *Sprachtheorie, Die Darstellungsfunktion der Sprache*, Stuttgart, Fischer, 1934, 1965[2].

R. CARNAP, *Introduction to symbolic logic and its applications*, N.Y., Dover, 1957.

J. B. CARROLL, *The study of language*, Harv. U.P., 1953[1], 1963[2].

E. CASSIRER, *Philosophie der Symbolischen Formen*, 3 v., Berlin, Bruno Cassirer, 1923-24-29; *Philosophy of Symbolic Forms*, 3 v., Yale U.P., 1953; *An Essay on man*, Yale U.P., 1944; *Language and Myth*, N.Y., Harper, 1946 (rééd. Dover).

N. CHOMSKY, *Syntactic Structures*, La Haye, Mouton, 1957; *Current Issues in Linguistic Theory*, La Haye, Mouton, 1964; *Aspects of the theory of syntax*, Cambridge, M.I.T. Press, 1965; *Topics in the theory of generative grammar*, dans SEBEOK, 1966, pp. 1-60; *The formal nature of language*, dans LENNEBERG, 1967, pp. 397-442; CR de SKINNER, *Verbal behavior*, dans *Language*, 35 (1959), pp. 26-58.

J. T. COWLES, *Food-tokens as incentives for learning by chimpanzees*, - Comp. Psychol. Monogr., 14, n. 71, 1937.

M. P. CRAWFORD, *The cooperative problem solving by young chimpanzees*, - Compar. Psych. Monographs, 14, n. 68, 1937.

J. Déjerine, *Sémiologie des affections du Système Nerveux*, Paris, Masson, 1914.
H. Delacroix, *Le langage et la pensée*, Paris, P.U.F., 1930².
J. Delay, *Les dérèglements de l'humeur*, Paris, P.U.F., 1946.
A. S. Diamond, *History and Origin of Language*, Londres, Methuen, 1959.
Disorders of Speech, a Ciba Symposium, Londres, Churchill, 1964.
G. Dumas, *Les mimiques*, dans le *Nouveau Traité de Psychologie*, t. III, Paris, 1933, pp. 293-360.
F. A. Elliott, *Clinical Neurology*, N.Y., Saunders, 1964.
J. R. Firth, *Papers in Linguistics*, 1934-51, Oxf. U.P., 1957.
Ch. Foix, *Aphasies* dans Roger, Widal, Teissier, *Nouveau Traité de Médecine*, t. XVIII, Paris, Masson, 1928.
K. von Frisch, *Bees, their vision, chemical senses and language*, Cornell U. P., 1950.
E. Fromm, *The forgotten language*, N.Y., Rinehart, 1951.
A. Gardiner, *The theory of Speech and Language*, Oxford, Claredon, 1932 ¹, 1960 ².
E. Gilson, *Les arts du Beau*, Paris, Vrin, 1963; *Matière et formes*, Paris, Vrin, 1964.
H. A. Gleason, *An Introduction to descriptive Linguistics*, N.Y., Holt, 1955, 1961¹ (revised).
R. Godel, *Les sources manuscrites du cours de L. G. de Ferd. de Saussure*, Paris, Droz, 1957.
K. Goldstein-M. Scheerer, *Abstract and concrete behavior*, Ps. Mon., 53, n. 2, 1941.
K. Goldstein, *Language and language disturbances*, N.Y., Grune-Stratton, 1948.
J. Greenberg, *Universals of Language*, M.I.T. Press, 1963.
P. Guiraud, *La sémantique*, P.U.F., 1964; *La stylistique*, P.U.F., 1963.
H. F. Harlow, *Levels of integration along the phylogenetic scale*, dans : Rohrer-Sheriff, *Social Psychology at the crossroads*, N.Y., Harper, 1951, pp. 120-140.
C. Hayes, *The ape in our house*, N.Y., Harper, 1951.
H. Head, *Aphasia and kindred disorders of speech*, 2 v , Cambridge U.P., 1926.
D. O. Hebb-W. R. Thompson, *The social significance of animal studies*, dans : G. Lindzey, *Handbook of Social Psychology*, Cambridge, Mass., Addison-Wesley, 1954, t. I, pp. 532-561.

P. Henle, *Language, thought and culture*, Un. of Michigan Press, 1958.

E. R. Hilgard-D. G. Marquis, *Conditioning and learning*, N.Y., Appleton, 1940.

L. Hjelmslev, *Prolegomena to a study of language* (1943), 2ᵉ éd. revised, Univ. of Wisc. Press, 1961; *Le langage* (1963), Paris, Editions de Minuit, 1966.

Ch. F. Hockett, *A Course in modern Linguistics*, N.Y., McMillan, 1958.

J. Itard, *Mémoire et rapport sur Victor de l'Aveyron* (1801, 1806) dans Malson, 1964, pp. 125-246.

J. Hughlings Jackson, *Selected writings*, 2 v., Londres, Hodder-Stoughton, 1932.

R. Jakobson, *Fundamentals of language*, La Haye, Mouton, 1956; *Essais de Linguistique Générale*, Paris, Editions de Minuit, 1963.

P. Janet, *De l'angoisse à l'extase*, 2 v., Paris, P.U.F., 1926-1928; *Les débuts de l'intelligence*, Flammarion, 1935; *L'intelligence avant le langage*, Flammarion, 1936.

O. Jespersen, *Language. Its nature, development and origin*, Londres, Allen, 1912; *The Philosophy of grammar*, Allen, 1924.

M. Jousse, *L'anthropologie du geste*, Paris, Resma, 1969.

F. Kainz, *Psychologie der Sprache*, Stuttgart, Enke, 5 tomes parus, 1940-1965 (t. I, 1940, 1954) plus une *Tiersprache*, 1961.

J. S. Kasanin, *Language and thought in schizophrenia*, Univ. of Cal. Press, 1939^1, 1944^2.

J. J. Katz - J. A. Fodor, *The structure of a semantic theory*, - Language, 3, 1963, pp. 170-210.

J. J. Katz - P. M. Postal, *An integrated theory of linguistic description*, M.I.T. Press, 1964.

H. Keller, *Sourde, muette et aveugle. Histoire de ma Vie*, Paris, Payot, 1954.

W. N. et N. A. Kellogg, *The ape and the child*, N.Y., McGraw Hill, 1933.

W. Köhler, *L'intelligence des singes supérieurs*, Paris, P.U.F., 1931.

G. Andrus de Laguna, *Speech : its function and development*, Yale U.P., 1927, Indiana U.P., Bloomington, 1963^2.

S. K. Langer, *Philosophy in a new key*, Harvard U.P., 1941, 1960^3; *Feeling and Form*, Londres, Routledge, 1953; *Problems of Art*, Londres, Routledge, 1957.

K. S. Lashley, *The problem of serial order in behavior* dans : L. A. Jeffress, *Cerebral Mechanisms in behavior*, New York, Wiley, 1951, pp. 112-136.

E. H. Lenneberg, *New directions in the study of language*, M.I.T. Press, 1964; *Biological Foundations of Language*, N.Y., Wiley, 1966.

A. Leroi-Gourhan, *Le geste et la parole*, 2 v., Paris, Albin Michel, 1964-1965.

L. Lévy-Bruhl, *Les fonctions mentales dans les sociétés inférieures*, Paris, P.U.F., 1910; *Expérience mystique et symbole chez les primitifs*, Paris, P.U.F., 1938; *Morceaux choisis*, Gallimard, 1936.

R. Linton, *The cultural background of Personality*, N.Y., Appleton, 1945.

K. Z. Lorenz, *King Solomon's ring*, Londres, Methuen, 1952.

B. Malinowski, *The problem of meaning in primitive languages*, suppl. I to : Ogden-Richards, *The m. of m.*, 1923, pp. 296-336.

B. Malmberg, *Structural Linguistics and human communication*, Berlin, Springer, 1963.

Ph. Malrieu, *La construction de l'imaginaire*, Bruxelles, Dessart, 1967.

L. Malson, *Les enfants sauvages, mythe et réalité*, Paris, Union générale d'éditions, 1964.

P. Marie, *Travaux et Mémoires*, t. I, Paris, 1926.

J. Maritain, *Quatre essais sur l'esprit dans sa condition charnelle*, Paris, Alsatia, 1956.

A. Martinet, *Eléments de Linguistique générale*, Paris, Colin, 1960, 1963².

A. Meillet, *La grammaire générale*, dans *Mém. Soc. Lingu.*, t. 20, Paris, 1916-17, pp. 133-141.

G. A. Miller, *Language and communication*, N.Y., McGraw Hill, 1951.

Ch. W. Morris, *Foundations of the theory of signs*, Un. Chicago Press, 1938; *Signs, language and behavior*, N.Y., Prentice-Hall, 1946.

G. Mounin, *Les problèmes théoriques de la traduction*, Paris, Gallimard, 1963.

O. H. Mowrer, *Learning theory and the symbolic processes*, N.Y., Wiley, 1960.

H. W. Nissen, *Primate Psychology*, dans Ph. Harriman, *Encycl. of Ps.*, N.Y., Philosoph. Library, 1947, pp. 546-570; *Social behavior in primates*, dans C. Stone, *Compar. Ps.*, N.Y., Prentice Hall, 1951², pp. 423-467.

H. W. NISSEN-M. P. CRAWFORD, *A preliminary study of food sharing behavior in young chimpanzees*, - *J. comp. Psych.*, 22, 1936, pp. 383-419.

C. K. OGDEN-I. A. RICHARDS, *The meaning of meaning : A study of the influence of language upon thought and of the science of symbolism*, N.Y., Harcourt, (1923), 1947⁸.

P. OLÉRON, *Recherches sur le développement mental des sourds-muets. Contribution à l'étude du problème : « Langage et pensée »*, Paris, Centre Nation. Rech. Sc., 1957.

A. OMBREDANE, *Le langage*, dans le *Nouveau Traité de Psychologie*, t. III, Paris, 1933, pp. 365-458; *Le langage*, dans WALLON, *La vie mentale*, Encycl. Franç., t. VIII, Paris, 1938; *L'aphasie et l'élaboration de la pensée explicite*, Paris, P.U.F., 1951.

C. E. OSGOOD, *The nature and measurement of meaning*, - *Ps. Bull.*, 49, 1952, pp. 197-237.

C. E. OSGOOD et al., *The measurement of meaning*, Un. of Illinois Press, Urbana, 1957.

R. PAGET, *Human Speech*, Harcourt-Brace, 1930.

C. S. PEIRCE, *Collected Papers*, t. II, Harvard U.P., 1932.

J. PIAGET, *La formation du symbole chez l'enfant*, Neuchâtel, Delachaux-Niestlé, 1945.

A. PICK, *Die agrammatischen Sprachstörungen*, Berlin, Springer, 1913.

F. PIRE, *De l'imagination poétique dans l'œuvre de Gaston Bachelard*, Paris, Corti, 1967.

H. REICHENBACH, *Introduction à la logistique*, Paris, Hermann, 1936; *Elements of symbolic logic*, N.Y., McMillan, 1947.

B. RUSSELL, *Inquiry into meaning and truth*, Londres, Allen, 1940; trad. Ph. DEVAUX. Flammarion, 1959 : *Signification et Vérité*.

N. RUWET, *Introduction à la grammaire générative*, Paris, Plon, 1967.

E. SAPIR, *Language*, N.Y., Harcourt, 1921, rééd. Harvest Books, 1949; *Selected writings in language, Culture and Personality*, Univ. of Calif., Press, 1951.

S. SAPORTA, *Psycholinguistics, a book of readings*, N.Y., Holt, 1961.

F. DE SAUSSURE, *Cours de Linguistique générale*, Paris, Payot, 1915, 1965².

M. SCHEERER, *Cognitive theory*, dans G. LINDZEY, *Hdb. Soc. Ps.* 1954, t. I, pp. 91-142.

T. A. SEBEOK, *Style in Language*, Cambridge, M.I.T. Press, 1960; *Current Trends in Linguistics*, III : *Theoretical Formulations*, La Haye, Mouton, 1966.

B. F. Skinner, *Verbal behavior*, N.Y., Appleton, 1957.

H. S. Sørensen, *Word-Classes in modern english, with special reference to proper names, with an introductory theory of grammar, meaning and reference*, Copenhague, Gad, 1958; *The meaning of proper names, with a definiens formula for proper names in modern english*, Copenhague, Gad, 1963.

L. Tesnière, *Eléments de syntaxe structurale*, Paris, Klincksieck, 1965².

R. Tissot, *Neuropsychopathologie de l'aphasie*, Paris, Masson, 1966.

S. Ullmann, *Principles of Semantics*, Glasgow-Oxford, 1951, 1957 ².

W. M. Urban, *Language and Reality : The philosophy of Language and the principles of symbolism*, Londres, Allen, 1939.

L. S. Vygotsky, *Language and thought* [1936], M.I.T. Press, 1962.

H. Wallon, *La vie mentale*, t. VIII de l'*Encyclopédie Française*, Paris, 1938; *De l'acte à la pensée*, Paris, Flammarion, 1942.

U. Weinreich, *On the semantic structure of language*, dans Greenberg, 1963, pp. 114-171; *Exploration in semantic theory*, dans Sebeok, 1966, pp. 395-477.

F. Weisenburg-K. E. McBride, *Aphasia, a clinical and psychological study*, N.Y., Hafner, 1964.

A. N. Whitehead, *Symbolism : its meaning and effects*, McMillan, 1927.

B. L. Whorff, *Language, thought and reality*, M.I.T. Press, 1956.

J. B. Wolfe, *Effectiveness of token-rewards for chimpanzees*, - Comp. Psychol. Monogr., 12, n° 60, 1936.

W. Wundt, *Völkerpsychologie*, I. *Die Sprache*, 2 vol., Stuttgart, Kröner, 1900¹, 1911²; *Grundriss der Psychologie*, 1918¹³.

R. M. Yerkes, *Chimpanzees, a laboratory colony*, Yale U.P., 1943.

INDEX

(Les chiffres en italique renvoient aux notes en bas de page)

ABELARD (P.), *45*.
ADLER (A.), 9, *23*.
AJURIAGUERRA (J. de), *141*, *152*, *157*, 163.
ALAJOUANINE (T.), *152*, *155*, 159, 160, 163.
ALONSO (D. et A.), 49.
ANGELERGUES (R.), *157*.
ARISTOTE, 23, *45*, 83.
AUSTIN (J.L.), *46*, *132*.
AYER (A.J.), *46*, *127*.

BACHELARD (G.), *8*, 14, 49, 167.
BAILLARGER (J.), 145.
BALLY (Ch.), *29*, 48.
BASTIAN (H.C.), 142.
BAY (E.), *152*, *153*, 160.
BEAUMARCHAIS (P.A. CARON DE), 131.
BELLUGI (U.), 35, 75, *81*,
BENDA (J.), 27.
BENVENISTE (E.), *29*, 35, 41, 44, 60, 62, 65, 68, *84*, *85*, 86, 87, 90, 93, 96, 98, 99, 100, *101*, 103, 106, 108, 109, 121, *126*, *127*, *128*, *132*, *134*, *135*, 136, 163.
BERGSON (H.), *26*.
BERNANOS (G.), 27.
BLEULER (E.), *26*.
BLIN (G.), *8*.
BLOOMFIELD (L.), *34*, 51, 57, 60, 61, 69, *81*, *85*, *89*, 92, 93, 116, *134*, 163.
BOAS (F.), *34*, *46*, 163.
BOBON (J.), *132*, 163.

BONHÖFFER (A.), *147*.
BOUILLAUD (J.), 142.
BRAIN (R.W.), 116, *141*, *152*, *157*, 159, 163.
BREAL (M.), *105*.
BRESSON (F.), 163.
BROADBENT (D.E.), 142.
BROCA (P.), *141*, 142, 143, 144, *147*, 149, 150, *152*, *154*, 156, *157*, *158*, 159, 160.
BROWN (R.W.) 35, 75, *81*, 163.
BRUNOT (F.), 48, 71, *132*.
BÜHLER (K.), 9, *12*, *82*, *103*, 122, *123*, 124, *128*, *132*, 133, 137, 163.

CARNAP (R.), *8*, *46*, 47, *48*, *84*, *85*, *96*, *100*, *101*, 163.
CARROLL (J.B.), 163.
CASSIRER (E.), 7, 163.
CELLIER (L.), *8*.
CHARCOT (J.), 142.
CHOMSKY (N.), 35, 41, 70, 71, 75, 76, 87, *88*, 89, 90, 91, *93*, 107, 121, *132*, *145*, 159, 163.
CONDILLAC (E. Bonnot de), *46*.
COPI (I.M.), *86*.
CORBIN (H.), *8*.
CORNEILLE (P.), 130.
COURTENAY (B. de), *34*.
COWLES (J.T.), *18*, 163.
CRAWFORD (M.P.), *112*, 163, 167.
CRESSOT (M.), 48.
CURRY (H.B.), *99*.

DAMOURETTE (J.), 48.
DARMESTETER (A.), *105*.
DEJERINE (J.), 142, 143, *152*, 164.
DELACROIX (H.), 164.
DELAY (J.), *132*, 164.
DELBOUILLE (M.), *39*.
DEVAUX (Ph.), *96, 97*, 167.
DIAMOND (A.S.), 116, 164.
DUBOIS (J.), *157*.
DUMAS (G.), *110*, 164.
DURAND (M.), *152*, 163.
ELIADE (M.), *8*.
ELLIOTT (F.A.), *141*, 164.
ENGELSON (M.), *8*.
ERWIN (S.M.), *35, 75*.
ESPAGNE (P. d'), *45*.
FINKELNBURG (F.C.), 142, *152, 153*.
FIRTH (J.R.), *35, 128*, 164.
FLAUBERT (G.), *49*.
FLEURY (de), 142.
FODOR (J.A.), *90, 93, 165*.
FOIX (Ch.), 143, *152*, 164.
FONTAINE (J. de la), 131.
FOREL (A.), 111.
FOURQUET (J.), *89*.
FRAISSE (P.), 163.
FRANCE (A.), *26*, 130.
FREGE (G.), *46*.
FREUD (S.), 9, *22*, 44.
FRISCH (K. von), *79*, 108, 164.
FROMM (E.), 9, *14, 15, 22, 23, 24*, 164.
GARDINER (A.), 106, 164.
GAGNEPAIN (J.), *157*.
GALL (F.J.), 142.
GILSON (E.), *6, 131*, 164.
GLEASON (M.A.), *35, 55, 56, 62, 64, 69, 71, 87*, 164.
GODEL (R.), *29, 32, 38, 44*, 164.
GOLDSTEIN (K.), 86, 143, 147, 149, 150, *151, 152, 153*, 155, *157*, 159, 160, 164.
GOMPERZ (H.), *123*.
GONSETH (F.), *8*.
GOODGLASS (H.), *152, 159*, 160.

GOODMAN (N.), *85*.
GREENBERG (J.), *47, 60, 63, 68, 83, 85, 87, 88, 89, 94, 100, 101, 105,* 164, 168.
GSELL (P.), *131*.
GUIRAUD (P.), 48, *105, 106*, 164.
GYP, *135*.

HARLOW (H.F.), *109*, 164.
HARRIMAN (Ph.), 166.
HARRIS (Z.S.), *35*, 70.
HATZFELD (H.), 49.
HAYES (C.), *78, 81, 109, 133*, 164.
HEAD (H.), 9, 86, 110, *141*, 143, *144*, 147, 148, 149, 150, *151, 152*, 155, *157*, 158, 159, 160, 161, 164.
HEBB (D.O.), *95, 96*, 108, *109*, 164.
HECAEN (H.), *141, 152, 157*, 159, 160, 163.
HENLE (P.), *86, 133*, 165.
HENSCHEN (S.E.), *152*.
HERDER (J.G.), *45, 46*.
HILGARD (E.R.), *18*, 165.
HJELMSLEV (L.), *34, 59, 65, 87*, 165.
HOCKETT (Ch. F.), *35, 50, 55, 56, 57, 58, 60, 62, 64, 87, 88, 89, 90, 95, 96*, 165.
HOUSEHOLDER (F.W.), *61*.
HULL (C.L.), *35*.
HUSSERL (E.), *46*.

ISSERLIN (M.), 147, 160.
ITARD (J.), *79, 80*, 81, *83*, 165.

JACKSON (J.H.), 86, *87*, 144, 145, 146, 147, 148, 149, 150, *152, 153*, 154, 155, 159, 160, 165.
JAKOBSON (R.), *34, 44, 53, 65, 68, 84, 88, 89, 101, 103, 107, 124, 131, 134,* 153, 155, 156, *157*, 158, 159, 160, 165.
JANET (P.), 7, *8*, 9, *10, 12, 13, 15*, 18, 20, 21, *22*, 98, 111, 116, *118, 123,* 125, *146*, 165.
JEFFRESS (L.A.), *35, 52*, 165.

JESPERSEN (O.), *8, 34, 56, 58, 65, 68, 88, 91, 96,* 115, 165.
JOUSSE (M.), 48, 116, 165.
JUNG (C.G.), 9, 14, 24.

KAINZ (F.), *122,* 123, 124, 127, *132,* 136, 165.
KASANIN (J.S.), *132,* 165.
KATZ (J.J.), *84, 90,* 91, 93, 165.
KELLER (H.), 81, 137, 165.
KELLOGG (W.N. et N.A.), *20,* 165.
KLEIST (K.), *147, 152.*
KÖHLER (W.), *18, 19, 20,* 165.
KRUSZEWSKI (N.), 156.
KUSSMAUL (A.), 142.

LACAN (J.), *44.*
LAGUNA (G. de), *82, 116, 124, 127, 128,* 165.
LAMARTINE (A. de), 129.
LANGER (S.K.), 8, *10, 11, 15, 16, 20, 23,* 24, *79, 98, 99,* 115, *129,* 165.
LASHLEY (K.S.), *35, 52, 119,* 166.
LEIBNIZ (G.W.), *46.*
LEJEUNE (C.), *8.*
LEMAITRE (J.), 131.
LENNEBERG (E.H.), *16, 35, 52, 75,* 76, 77, *78, 81,* 83, *86, 90, 114,* 121, *126,* 138, *140, 157,* 163, 166.
LEROI-GOURHAN (A.), *15,* 17, 19, *20, 118,* 119, *120,* 166.
LESPINASSE (J. de), 131.
LEVY-BRUHL (L.), 22, *26,* 166.
LEVY-STRAUSS (C.), *44.*
LHERMITTE (F.), *155,* 159, 160.
LICHTHEIM (L.), 142.
LINDZEY (G.), *35, 85, 95,* 164, 167.
LINTON (R.), *126,* 166.
LORENZ (K.), 78, *79, 80, 108,* 111, 166.
LUKANUS (F. von), *78.*
LURIA (A.R.), *95,* 153, *154, 156,* 157, 158, 159.

MALINOWSKI (B.), *35, 128,* 134, 166.
MALLARMÉ (S.), 131.

MALMBERG (B.), *35,* 166.
MALRIEU (Ph.), *15,* 166.
MALSON (L.), *79, 113,* 165, 166.
MARIE (P.), 142, 143, 147, *148,* 150, *152, 153,* 166.
MARITAIN (J.), *6, 12,* 22, *130,* 166.
MAROUZEAU (J.), 48.
MARQUIS (D.G.), *18,* 165.
MARTINET (A.), *35, 39, 68, 89, 90, 92,* 95, *102, 160,* 166.
MARTINY (M.), *8.*
MARTY (A.), *87.*
MCBRIDE (K.E.), *152,* 168.
MEILLET (A.), *60, 88, 89, 95,* 166.
MILLER (G.A.), *35, 75, 78, 90,* 166.
MINKOWSKI (E.), *8.*
MIRAMBEL (A.), *8.*
MOLIERE, 131.
MORRIS (D.), *19.*
MORRIS (Ch.W.), *8, 35,* 46, 47, 48, *85, 127,* 166.
MOUNIN (G.), *101,* 166.
MOUROT (J.), *49.*
MOWRER (O.H.), *35,* 166.
MOZZICONACCI (P.), *152,* 163.
MURRAY (H.A.), *130.*

NIELSEN (J.M.), *152.*
NISSEN (H.W.), *80, 109, 110,* 111, *112,* 167.

OCKHAM (G. d'), *45.*
OGDEN (C.K.), *8,* 46, 48, *127, 134,* 142, 166.
OGLE (W.), 142.
OLERON (P.), *134,* 167.
OMBREDANE (A.), *103, 113,* 139, *141, 144, 146,* 150, *151, 152,* 160, 163, 167.
OSGOOD (C.E.), *35,* 47, *85,* 167.

PAGET (R.), 116, 167.
PASCHE (F.), *44.*
PAVLOV (I.), *42,* 153.
PEIRCE (C.S.), *8, 15,* 45, *46,* 124, 167.
PIAGET (J.), *8,* 9, *10, 11,* 13, *14, 15, 19, 22, 23,* 24, *26, 46,* 126, 163, 167.

PICHON (E.), 48.
PICK (A.), 147, 149, 167.
PIRE (F.), *14*, 167.
PLATON, *45*.
PROUST (M.), 49, 131.
POSTAL (P.M.), *84*, 91, 93, 165.
POUCHKINE (A.), 131.
POULET (G.), *8*.

QUINE (W.V.), *46*, *85*.

RACINE (J.), 131.
REGNARD (J.F.), 131.
REICHENBACH (H.), *91*, *100*, 167.
RENSCH (B.), *19*.
RIBEAUCOURT (B. de), *155*.
RICHARDS (I.A.), *8*, 46, 48, *127*, *134*, 166.
RICŒUR (P.), *8*.
RIEDLINGER (A.), *29*.
RIGNANO (E.), 26.
RIMBAUD (A.), *14*.
ROGER (H.), *143*, 164.
ROHRER (J.H.), 164.
ROUSSEAU (J.J.), *45*, *46*.
RUSKIN (J.), *49*.
RUSSEL (B.), *8*, 9, *46*, *91*, 96, 97, *100*, *103*, 104, 122, *129*, *136*, 167.
RUWET (N.), *71*, 167.

SABOURAUD (O.), *155*, *157*, 159.
THOMAS D'AQUIN (S.), 7.
SAINT THOMAS (J. de), 7.
SAPIR (E), *8*, 9, *14*, *34*, *36*, *38*, *39*, *41*, *43*, *46*, 53, *55*, *56*, 57, *63*, *64*, 67, *68*, *69*, 75, *76*, *86*, *87*, *88*, *89*, *90*, *92*, *95*, 100, 106, 107, 115, 117, 121, *126*, *130*, *134*, *135*, *145*, 167.
SAPORTA (S.), 57, *60*, *61*, *84*, *85*, *87*, 167.
SAUSSURE (F. de), 7, 9, 29, *34*, 36, 37, *38*, 39, 41, 43, 45, *46*, 48, 51, *86*, *87*, *88*, *89*, *96*, 105, 106, 107, *123*, *138*, 155, *159*, 167.
SCHEERER (M.), *35*, *85*, *86*, 164, 167.

SCHLEICHER (A.), *87*.
SEBEOK (T.A.), *48*, *71*, *94*, 163, 167, 168.
SECHEHAYE (A.), *29*, *44*.
SHERIF (M.), 164.
SILBERER (H.), 9, *23*.
SKINNER (B.F.), *35*, *75*, 163, 168.
SORENSEN (H.S.), *47*, *59*, *82*, *84*, *85*, *132*, 168.
SOURIAU (E.), *8*.
SPERBER (H.), *105*.
SPITZER (L.), 49.
SPOERRI (T.), 49.
STENDHAL, *49*.
STENGEL (E.), *155*.
STERN (G.), *105*.
STONE (C.), 166.
SULLIVAN (Miss), 81.

TAINE (H.), 22.
TARSKI (A.), 47, 96, *134*.
TESSIER (J.), *143*, 164.
TESNIERE (L.), 51, *52*, *68*, *89*, 167.
THOMPSON (W.R.), *95*, 164.
TISSOT (R.), *141*, *150*, *155*, *157*, 158, 159, 160, 168.
TRIER (J.), 106.
TROUBETSKOY (N.), *34*, 52.
TROUSSEAU (A.), 142, *144*, *152*.
ULLMANN (S.), *105*, *106*, 168.

URBAN (W.M.), 8, 168.

VAN GINNEKEN (J.), 48.
VOSSLER (K.), 49.
VYGOTSKY (L.S.), *82*, *85*, *116*, 124, *126*, 168.

WAHL (J.), *8*.
WALLON (H.), *8*, 9, *10*, *11*, *13*, *15*, *16*, *20*, 21, 82, 139, 167, 168.
WEGENER (Ph.), 115.
WEINREICH (U.), *83*, 85, *87*, *94*, *100*, *101*, 168.

WEISENBURG (F.), *152*, 168.
WELLS (R.), *84*.
WERNICKE (C.), 141, 142, 143, 147, 149, 150, *151*, *152*, *154*, *155*, 156, *157*, 159, 160.
WHITEHEAD (A.N.), 8, 168.
WHORFF (B.L.), 106, 168.
WIDAL (F.), *143*, 164.

WILSON (K.), *152*.
WITTGENSTEIN (L.), *8*, *46*.
WOLFE (J.B.), *18*, 168.
WUNDT (W.), *44*, *82*, 113, 116, 121, *123*, *124*, *127*, 128, *132*, *133*, 136, 145, 168.

YERKES (R.M.), *80*, *111*, 168.

TABLE DES MATIERES

Chapitre I : la fonction symbolique 5
Chapitre II : vue générale du langage 29
Chapitre III : l'analyse sémiotique de la langue . . . 45
Chapitre IV : les fins du discours 107
Chapitre V : retards et dissolutions du langage . . . 137
Bibliographie 163
Index 169